策畫主編者簡介

　　何福田，高雄市人，民國三十一年生。政大教育學博士、美國三一學院榮譽文學博士、美國博爾大學研究。曾任秘書、室主任、系主任、執行長、教務長、圖書館長、院長、國立屏東師範學院校長、玄奘人文社會學院校長；現任國立教育研究院儲備處主任。自民國七十九年擔任屏東師院校長即以推動學術研究和社會祥和爲職志，近年更致力於僑教工作。近十年著作：《面對當前教育》（1991，復文）、《爲國教而知爲國教而行》（1994，屏師）、《談心論情皆教育》（1996，遠流）、《我心如是》（1996，屏師；1997，復文）、《人心有愛——八方會診愛台灣》（1997，正中，主編）、《僑心僑情僑教》（1998，僑委會）、《一世屏師情》（1998，屏師基金會，主編）、緬泰僑教（1999，屏師，合著）、《屏東人心靈改造》（1999，屏東縣立文化中心，主編）、《起大樓孕大師育大才》（1999，屏師）、《我心如是（二）》（1999，屏師基金會）、《教育導論》（2000，心理，合著）、《單親家庭之教育與輔導》（2000，心理，主編）、《生命教育論叢》（2001，心理，主編）。

作者簡介

本書作者簡介按負責章次排序：

王鍾和【第一章】

學歷：國立政治大學教育學博士

經歷：國立台北護理專科學校教授

國立政治大學研習中心主任

教育部訓育委員會諮詢顧問

現任：國立政治大學教育系教授

吳秀碧【第二章】

學歷：美國北科羅拉多大學諮商心理學研究所博士

經歷：國立彰化師範大學學生輔導中心主任

國立彰化師範大學輔導系（所）主任

現任：國立彰化師範大學輔導系教授

陳慶福【第三章】

學歷：國立彰化師範大學輔導博士

經歷：國立屏東師範學院初教系教授

　　　國立屏東師範學院學生輔導中心主任

現任：國立屏東師範學院教育心理與輔導研究所教授

蕭文【第四章】

學歷：美國密蘇里大學諮商心理學博士

經歷：國立彰化師範大學輔導研究所所長

　　　國立彰化師範大學輔導系主任

　　　中國輔導學會理事長

現任：國立彰化師範大學輔導系教授

楊瑞珠(Julia Yang)【第五章】

學歷：美國俄亥俄州立大學哲學博士（主修諮商輔導）

經歷：國立高雄師範大學輔導研究所教授、所長

現任：美國伊利諾州立大學教授

林秀娟(B.B. Lin)【第五章】

學歷：國立高雄師範大學輔導研究所碩士

經歷：國立高雄科學工業技術學院實習輔導老師

高雄市凱旋醫院精神科實習諮商員

高雄教育電台輔導老師

神岡國中教師、后里國中教師、豐村國小代課教師

省立新竹高級中學實習輔導老師

現任：陸軍第一士官學校輔導老師

李玉卿【第五章】

學歷：國立花蓮師範學院初等教育學

經歷：高雄市太平國小教師

現任：國立高雄師範大學輔導研究所碩士班研究生

策畫主編者序

　　由於社會急劇變遷，價值觀念趨於多元，現代教師與父母在教育與輔導兒童、青少年時，較之往昔，面臨更多的挑戰。家庭結構的改變，諸如：小家庭的增加、單親家庭數量的急速攀升、戶口流動的頻繁等等，對於家長與教師都增加許多教養上的難題，對於兒童、青少年也增加許多學習上的困境。

　　我於民國八十一年三月二十四日起，至民國八十三年六月十六日止，歷經五個學期，以兩年半的時間走訪屏東師院輔導區──高雄縣與屏東縣共三百一十一所國民小學，發現每校都有或多或少的單親兒童，其中一校單親學生竟高達 40％！在我所歸納的「國民小學教育問題」中，「單親兒童」這個訊號老在我腦海中迴旋，許多學校也常詢問如何指導單親兒童。訪問結束後，我曾答應由屏師提供資料，協助各校解決問題。五年來，由於行政工作纏身，日復一日，年復一年，我的承諾，成為我的負擔。今天，看到《單親家庭之教育與輔導》一書初稿撰成，找感到高興，也感到慚愧。

　　社會急劇變遷的影響，不僅促使一般人的生活步調變快，工作競爭加劇，也促使人際關係變得短暫、表面與疏離。因此，家庭中成員間的互動便產生一些不易解決的難題，如：外遇、

離婚、鑰匙兒童等等。其中影響最大的就是因為父母離異或意外死亡所造成的「單親兒童」教育。雖然這是當前世界各國的普遍現象，但是我們卻不能等閒視之；我們應該設法協助這些單親兒童，使其儘可能獲得正常的發展。

　　單親兒童未必就是「問題兒童」，教育工作同仁與社會各界不宜有先入為主的偏見。然而，在單親兒童中，有許多人無法獲得一般兒童所擁有的「雙親」之照顧與親情，顯然社會各界應該給予更多的關注才能彌補不足的親情。社會各界給予單親兒童更多的關愛，一方面固然是人道的發揚，另方面對社會本身也有實質的益處。試想：如果單親兒童由於缺乏家庭親情的溫暖而又無法從社會獲得補償，終而對社會產生冷漠或仇恨，將令社會付出更多、更大的代價。

　　基於以上的淺見，我於民國八十七年三月商請本校學生輔導中心主任陳慶福博士開始規畫，誠邀國內各大學校院學者專家進行撰稿，至民國八十八年六月始完成撰寫事宜。我除感謝陳慶福博士策畫的辛勞外，也要向各位作者共同促成本書的問世表示萬分的謝意，更要感謝心理出版社樂於出版此書嘉惠大眾。

何福田　謹識
國立屏東師範學院
民國八十八年六月

目錄

第三章　單親家庭的人際與休閒問題⇨陳慶福

第四章　學校應如何協助單親兒童⇨蕭文

第五章　單親兒童的生活適應與輔導⇨楊瑞珠、林秀娟、李玉卿

＝第一章＝

單親家庭的親職教育

王鍾和　著

壹、親職教育 vs.單親家庭親職教育

　　談到親職教育，大家都知道這係指教導父母如何扮演父母的角色，或者亦可解釋為教導父母如何管教子女。其內涵包括了解子女的犯錯行為、影響父母管教品質的變項、親子間良好關係的營造、管教原則的確立與維持、能建立孩子信心與價值的鼓勵策略、培養孩子責任感之自然合理結果方式的使用、親子溝通、家庭會議及父母自信心的提昇與潛能的激發等。希望藉由這些方法的實施，而培育出具有正向、積極人生價值觀且能自我規範（self regulate）合宜行為表現的孩子。

　　至於單親家庭親職教育，人們最大的疑問就是難道與上述所談主題會有不同嗎？難道有專屬生親家庭（父母為生父生母者）的親職教育，及專屬單親家庭的親職教育？其間又有何差異呢？這常是令人不解之處。其實，如自親職教育的實施主體及內容架構上言之，其間並無多大差異，換言之，即在前段中所談及的內涵、主題，應是相同的。唯因單親家庭的特質與生親家庭有很大的出入，例如在生親家庭中擔負起管教子女職責者，是由父母兩人，兩人間的協調與配合就是一個十分重要的

變項,若能同步進行或相輔相成,孩子必自其中獲得最大的效益,反之若夫妻的作法南轅北轍,功能不但相互抵消,甚或帶來反向的結果;至於單親家庭,則多半只由父親或母親一人擔負起管教的職責,其優點是孩子所獲得的是單一要求或訊息,施教的父親(或母親)也不必擔心另外一人所給的要求與自己是否相互抵觸,但缺點卻是若父(母)親自己的要求太偏離正軌或太主觀,亦無人可從旁觀察或提醒,結果則會對孩子的身心發展帶來深遠的傷害。此外,單親家庭的經濟困境在多篇研究中均一再被提及;尤其是女性的單親家庭,為了維持家庭的基本開銷,單親母親常需投入社會,從事收入微薄、耗費體力、需時長久的工作,結果會大大影響了他們管教孩子的品質,此種壓力在生親家庭中則較不常見。

因此,在談到單親家庭親職教育時,就必須同時考慮哪些會影響單親父(母)親實施親職教育的可能變項及其傷害,如此才會有較佳的實施成效。

貳、單親家庭的類型

一般說來,常見的單親家庭有以下四種:

一、死亡單親家庭

指父母中有一方因故死亡，而孩子與另一方同住者。這又可分為下列兩種：

(一)母親死亡與父親同住的單親家庭

若是母親死亡而孩子與父親同住，其家庭組合也許就只有父親、小孩或親友。由於父親經常忙於工作，對孩子的照顧往往不那麼認同甚或力不從心，因此，有些父親常請親友或褓姆來幫忙照顧孩子，但是，如果兩者都無法安排妥當時，也只有讓孩子自己自求多福了。

(二)父親死亡與母親同住的單親家庭

這類型家庭的母親多半對孩子非常疼愛，因為她們會覺得孩子相當的無辜與可憐。在有些家庭中，父親雖然早死但家中常尚有存餘，經濟不是太大的問題，因此，母親不一定會出外做事。但有些家庭，房子、車子的貸款頓失來源，為維持家庭基本生活開銷，母親必須外出就業。但是，即使是出外工作，也會盡量做到母兼父職，且不論有沒有他人的支援，母親通常不會放棄照顧孩子的責任。

二、離婚單親家庭

　　父母因故離婚，孩子與父母中的一方同住，同樣也有下列兩種情形：

㈠父母離婚與父親同住的單親家庭

　　這種家庭組成可能只有父親和小孩，同樣也會面臨如上述母親死亡家庭一般的情形，常需要請外人來支援。

㈡父母離婚與母親同住的單親家庭

　　離婚後的母親是否仍能得到父親穩定的經濟支援，常要看法院的判決結果。然而許多國內外的研究多半一再的指出，離婚母親最大的困難在於經濟壓力，許多母親為了維持生活，必須日夜工作，身心的疲累再加上離婚所帶來的傷害、情緒低落、自我否定等，往往在照顧子女的工作上，變得心有餘而力不足，愛心與耐心也就大打折扣了。

三、分居家庭

　　有時人們還不稱此為正式的單親家庭，主要的原因是夫妻尚未辦妥正式的離婚手續，也許還有復合的可能，但嚴格的來說，分居的家庭幾乎已在走向離婚。其實對孩子身心發展真正會帶來影響的階段，往往是在分居前父母經常打罵爭鬥的過程

與激烈混亂的場面。當分居後，那些與孩子同住的父（母）親，正處於面對離婚的殘酷事實之傷痛巔峰期，內心掙扎，情緒低落，自己尚且需要有人來支援，遑論好好照顧那些心情同樣脆弱的孩子。

四、未婚單親家庭

　　這又可分為自願未婚單親家庭和被迫未婚單親家庭兩種情形：

(一)自願未婚單親家庭

　　或稱為不婚的單親家庭，近年來有些走在時代前端者，在找不到一個可託付終身的伴侶，或在中意的異性都已結婚時，失望之餘，會覺得若自己可以擁有小孩而沒有婚姻的束縛，也許亦為一種不錯的選擇。因此，在這種家庭中，成員只有母親和小孩。由於在此種家庭中母親常在鼓起很大勇氣下，與社會傳統相抗衡而有了孩子，因而給予他們的關愛與保護，與一般家庭有時會有很大的差距。

(二)被迫未婚單親家庭

　　在這些家庭中的母親，有些是在被強暴後，不知自己已受孕，待發現時已來不及墮胎，而必須把孩子生下來；當然，也有些女性其實是有心愛的男友，但當發現懷孕後，男方卻不願

負起責任甚或否認，結果，女方因不忍心殺害小生命，或認為那是愛的結晶而保留下來。諸如此類家庭都可歸類為被迫的未婚單親家庭。在此種家庭中，成員亦只有母親和小孩。但由於對許多母親來說，整件事情是個被迫接納及不愉快的經歷，而且孩子的存在會使自己不斷的回想起過去不愉快的經驗，因此，常無法對孩子有相當穩定良好的態度。

參、單親家庭父母管教子女的方式

　　在單親家庭中，父母會採用何種方式管教子女？根據筆者（民 82 及民 84）針對我國不同類型的單親家庭中，父母管教子女（兒童、青少年）方式的研究中，發現其間確有顯著差異存在。依研究中所採用之管教分類方式——專制權威（高要求、低反應），開明權威（高要求、高反應），寬鬆放任（低要求、高反應），忽視冷漠（低要求、低反應），分別說明如下：

一、單親父親的管教方式

　　不論因母親死亡或離婚而形成的單親家庭，子女覺得父親最常採用的管教方式多半是忽視冷漠，亦即父親常對孩子行為

的要求不高，當孩子行為表現良好時，很少給予正向積極的反應，平時較少向孩子表現關愛與親情，也很少與子女溝通或閒聊。此種現象的發生，可能是父親在原來家庭的角色扮演較偏重在家庭以外的工作，對於親職角色的參與一直不多，在認知上也常不願接受這是他的工作，以致於當他必須單獨照顧孩子時，會感到手足無措，甚或存有潛意識的抗拒。因此，他們最常採用的管教方式便是「忽視冷漠」。研究發現此種方式在所有管教方式中是最不恰當的。由於父親事先沒給孩子明確的期望標準，致使孩子並不知道到底該如何做才對，而當表現良好時，又因為沒得到正向的回應，而不會學到哪些行為才是為社會所期待的，因此，生長在此種家庭中的孩子，行為表現可以「一片混亂」來形容。

二、單親母親的管教方式

　　單親母親會採用何種管教子女的方式，會因形成單親的原因不同而有差異：

(一)父親死亡而形成的單親家庭

　　在此種家庭中，有些母親常會對孩子採用「開明權威」的管教方式。此種方式，對孩子的行為表現常有較高的要求，且當孩子有良好的行為表現時，會給予積極正向的反應。許多研

究都發現「開明權威」是最好的管教方式，因為此種方式會在事先即給予孩子相當明確的社會期望準則，同時在孩子表現良好時，亦會給予積極正向的回饋，此會激發孩子未來願意再嘗試的動機。對那些配偶死亡的單親母親，會採取此種方式，可能是因為她們認為應堅強的負起母兼父職的重要職責，平常與孩子相處上，盡量付出對他們生活中的必需照顧，好讓孩子覺得即使父親不在了，生活中並沒有太大的變動。研究結果亦顯示，孩子在此種方式教養下，他們各種行為的表現與一般家庭的孩子間，亦無太大差異存在。

　　但是，並不是所有父親死亡的單親母親都會採取「開明權威」的管教方式。有些母親會將先生死亡的事件視為個人重大的失敗，認為這會降低別人對她的評價。為了要重新贏回被肯定的地位，會將高期望、高壓力放在孩子的身上，要求孩子處處有最優秀的表現。此外，她也會常要求自己在別人面前作出最完美母親的形象。換言之，為嚴管品質，她們對孩子各種行為表現處處予以極力的控制，亦即採用「專制權威」的方式，即給予孩子很高的標準與要求，但是當孩子表現良好時，她們卻很少給予讚美或獎勵，因為她們覺得那些作法（獎勵）會減低孩子的鬥志，會寵壞孩子。此種高標準、高壓力的作法，最大的危機在於揠苗助長。是否真能讓母親稱心如意，要先看那

孩子是否眞的資賦優異，能否與母親的高期望相配合才行。否則，即使那孩子夠聰明又伶俐，也有可能在母親「好還要更好」的壓力下，在幾乎得不到喘氣的機會而反彈。再者，如果孩子並不是特別的優異，則會出現不管他怎麼努力，但總得不到母親正向的肯定，結果會表現出許多適應不良的行爲。

(二)夫妻離婚的單親家庭

在此類型單親家庭中，母親最常採用的管教方式是「忽視冷漠」。之所以會如此作的最大原因，多半是來自於她們的工作忙碌，身心俱疲，在教養的質和量上都無法維持一定的水準。此外，母親自己也會因爲離婚而對個人的價值產生懷疑、否定，且心情沮喪，這也常使得她們無法專心照顧那些急須得到關心的孩子。許多研究中均指出離婚家庭不論與母親或父親同住，孩子都常會出垷許多適應不良的行爲表現，這也許與單親父（母）親多採取「忽視冷漠」的管教方式有關。

至於自願未婚單親的母親，則常會特別珍惜孩子，而採取高要求、高回應的「開明權威」或低要求、高反應的「寬鬆放任」的方式，但是即使此類型的母親能選擇較佳的「開明權威」的方式，未來孩子都會面對到身世的困擾。至於被迫未婚單親的母親，則可能會採用「忽視冷漠」的方式。但是，由於有關分居和未婚單親的研究較少，目前仍缺乏實證的依據，對於此

兩類型單親家庭中的子女身心健康的發展，應該也是未來專家學者及社會需要多加關懷的層面。

肆、單親家庭父母管教方式與子女行為表現

在單親家庭中，當父（母）親採用的管教方式不同時，子女的行為表現會有何差異？由筆者（民82及民84）的研究中獲得了下列幾項結論：

一、自單親家庭與生親家庭作比較

(一)父親管教方式方面

不論在「生親家庭」或「單親家庭」中，子女的各項行為表現，不會因父親採用管教方式類型的不同，而有差異。

(二)母親管教方式方面

1.在「單親家庭」中，如果母親採用「開明權威」或「專制權威」的管教方式，比起採用「忽視冷漠」管教方式的母親，她們的子女會表現較少不合乎社會期待的與反常的偏差行為，且有較高的意願與他人融洽相處，並建立熱誠關係的相屬意識。

2.即使母親均採用「寬鬆放任」、「開明權威」或「專制

權威」的管教方式，來自「單親家庭」的子女比來自與父母同住之「生親家庭」的子女，仍會表現出較少的意願與他人融洽相處且與他人建立相互歸屬的熱誠關係。

(三)父母管教方式方面

*1.*在「單親家庭」中，如果父（母）親與離婚的配偶間都同樣採用「開明權威」的管教方式，比起那些父母會採用「不一致」的管教方式者，子女較少會表現出那些不合乎社會規範期待的偏差行為，較不會產生不合現實的幻想和退縮的傾向，並且較少會採用威脅、爭吵或破壞的反社會行為傾向。

*2.*在「單親家庭」中，父（母）親與離婚的配偶間，如果同樣都採用「專制權威」的管教方式，比起雙方採用「不一致」管教方式者，子女會表現較少不合乎現實的幻想、退縮傾向與破壞、不服從、爭吵的反社會行為傾向。

*3.*即使父母親都採用「不一致」的管教方式，在「單親家庭」中的子女仍比與父母同住一起的「生親家庭」子女，表現出較多不合社會規範與期待的偏差行為、較多不合實際的幻想與退縮傾向及較多的爭吵、威嚇、不服從的反社會行為傾向。

二、自不同類型的單親家庭作比較

(一)父親管教方式方面

在不同類型的單親家庭中，即使父親採用的管教方式不同，子女的行為表現並無顯著差異存在。

(二)母親管教方式方面

1.在「父親死亡與母親同住」的單親家庭中，如果母親採用的是「開明權威」或「寬鬆放任」的管教方式，比起母親採用「忽視冷漠」的管教方式，子女會有較強的個人價值意識，較能感受到別人對自己的看重，而且對自己的未來成功會充滿信心。

2.在「父母離婚與母親同住」的單親家庭中，如果母親採用的是「開明權威」的管教方式，比起母親採用「忽視冷漠」的管教方式，子女會對自己未來的成功深具信心，較能感受到別人對自己的看重，對自己會有較高的個人價值意識，且較不會出現如缺乏食慾、失眠、長期疲倦的神經症狀。

3.在「父母離婚與母親同住」的單親家庭中，如果母親採用「專制權威」的管教方式，比起母親採用「忽視冷漠」的管教方式，子女較不會出現如缺乏食慾、失眠、長期疲倦的神經症狀。

　　4.即使母親均採用「寬鬆放任」的管教方式，來自「父親死亡與母親同住」的子女，仍比來自「父母離婚與父親同住」家庭的孩子，對自己有較高的個人價值意識，較能感受到別人對自己的看重，且對自己未來的成功深具信心。

　　5.即使母親均採用「開明權威」的管教方式，來自「父親死亡與母親同住」家庭或「父母離婚與母親同住」家庭的子女，皆會比生活在「父母離婚與父親同住」家庭的子女，較少有缺乏食慾、失眠、長期疲倦等神經症狀的表現。

伍、單親家庭父母管教方式、子女滿意度與其行為表現

　　在不同類型的單親家庭中，父母採用管教方式不同時，子女感到滿意的程度會有何差異？由筆者研究中得知：

一、在父親管教方式方面

　　1.不論在「母親死亡與父親同住」、「父母離婚與父親同住」或「父母離婚與母親同住」的單親家庭中，子女對父親採用「開明權威」管教方式的滿意度較高於他們採用「忽視冷漠」

的方式。

　　2.來自「母親死亡與父親同住」或「父母離婚與母親同住」單親家庭的子女，對父親採用「寬鬆放任」管教方式的滿意度較高於他們採用「忽視冷漠」的方式。

　　3.來自「母親死亡與父親同住」或「父母離婚與母親同住」單親家庭的子女，對父親採用「開明權威」管教方式的滿意度較高於他們採用「專制權威」的方式。

　　4.即使父親均採用「忽視冷漠」的管教方式，來自「母親死亡與父親同住」或「父母離婚與父親同住」單親家庭的子女，對父親管教的滿意度，仍較高於生活於「父母離婚與母親同住」家庭中的子女。

二、在母親管教方式方面

　　不論在何種類型的單親家庭中，子女對母親採用不同類型的管教方式，感到滿意的程度，並無顯著差異存在。

　　既然在不同類型的單親家庭中，子女對單親父（母）親採用管教他們方式的滿意度各有差異，此會對他們的行爲表現帶來何種的影響？在研究結果中亦獲得了明確的結論：

一、單親父親管教方式方面

　　*1.*父親採用「專制權威」的管教方式，子女對此種方式感到「高滿意」的人會比對此種方式感到「低滿意」的人，有較佳的個人適應表現。

　　*2.*父親採用「寬鬆放任」的管教方式，子女對此種方式感到「高滿意」的人會比對此種方式感到「低滿意」的人，在「國語」、「數學」與「智育總平均」等「學業成就」上的表現會較佳，且較少會出現不合社會規範期望的「偏差行為」。

　　至於在「個人適應」、「社會適應」、「自尊」等方面，則不會因子女對父親採用「寬鬆放任」管教方式感到滿意程度的不同，而有差異。

　　*3.*父親採用「開明權威」或「忽視冷漠」的管教方式，子女對此種方式感到「高滿意」的人會比對此種方式感到「低滿意」的人，表現出較少不合乎社會規範期待的「偏差行為」。

二、單親母親管教方式方面

　　*1.*母親採用「專制權威」的管教方式，子女對母親採用此種方式感到「高滿意」的人會比對此種方式感到「低滿意」的人，有較佳的「個人適應」和「社會適應」，以及較少表現出

不合社會規範期望的「偏差行為」。

　　2.母親採用「寬鬆放任」的管教方式，子女對母親採用此種方式感到「高滿意」的人比對此種方式感到「低滿意」的人，會較少表現出不合社會期望的偏差行為，及有較佳的「智育總平均」表現。

　　3.母親採用「開明權威」或「忽視冷漠」的管教方式，子女對母親採用此種方式感到「高滿意」的人會比對母親此種方式感到「低滿意」的人，有較佳的「個人適應」、「社會適應」、「自尊」表現，及較少不合乎社會期望的「偏差行為」。

　　總之，綜合上述各項發現，對生長於「單親家庭」的孩子來說，若對所生活之單親家庭結構愈感到滿意，父親、母親或父（母）親與已離婚的配偶間均採用「開明權威」的管教方式，且對父親、母親或父母親採用的管教方式愈感到滿意時，則會有較佳的「個人適應」、「社會適應」及「自尊」表現，較少不合乎社會期望的「偏差行為」和較佳的「國語」、「數學」及「智育總平均」等學業成就的表現；反之，若父親、母親或父（母）與離婚的配偶間愈常採用「忽視冷漠」的管教方式時，子女在「個人適應」、「社會適應」、「自尊」、「偏差行為」及「學業成就」上，則會有較差的表現。

陸、單親家庭親職教育的實施

　　由前述內容及各項研究結果得知，在不同類型的單親家庭中，父親或母親是否能採用合宜的管教方式與孩子健全的身心發展、合乎社會期望的行為表現，及正向積極的人生觀建立之間，存有很高的相關。因此，為達此目標，單親父母在實施親職教育時，應掌握的重點，擬建議如下：

一、單親父母情緒的調整及對父母角色的正確認知

　　不論是單親的父親或母親，一旦成為單親後，不論心情再悲傷或再憤怒，首要之務即是在最短時間內讓自己振作起來，尤其是有些人易將自己婚姻的失敗解釋為個人價值的否定（或失敗者），而會經常處於情緒低落或起伏不定的狀態中，在這種不穩定的情況下，對孩子的管教方式就難以一致。我們常看到許多單親，其實他們也知道孩子很可憐，需要更多的照顧與給予其行為表現更多的正向肯定，知道應該要盡快建立與孩子之間良好的關係，但似乎這一切只發生在他們情緒很平和的狀態下，一旦心情跌入谷底，馬上又將此種負向的感覺投射在孩

子身上，特別是對不同性別的子女（因為他們正替代著離開父親或母親的形象），此種變化無常、動輒打罵的態度，對孩子身心發展及行為表現都會造成相當惡質化的影響。因此，單親的父母要格外注意自己情緒上的變化，最好能找出一個合宜的宣洩方法，不論是運動、打坐、找好朋友傾訴等等，盡量使自己的情緒維持穩定才是。

此外，應加強他們對於今後單獨扮演父母角色的正確認知。對許多單親父親來說，即使他們原先已參與了管教孩子的工作，但在缺少了配偶之後，作法就必須加以調整，否則只怕不但原來的管理效果達不到，更會惡化了已建立的好習慣。此外，有些父親過去可能從未參與過管教孩子的工作，也許在認知上他從來不知應該參與，或是不知道應該如何參與，長久以來，他幾乎只在驗收或享受成果（孩子良好的行為表現）。此時，母親角色的缺少（不論為死亡或離婚），若父親仍以其一貫不聞不問的方式行之，孩子等於完全失去關愛與管教，行為會無所適從，甚而發生偏差，這都是可以預見的。萬一因表現不宜，父親再以傳統權威的方式嚴加苛責，則會更加惡質化了彼此的關係與子女不適行為的表現。

其次，就單親母親來說，在成為單親後，真正所面臨的危機多在生活開銷的維持、心力的交瘁、自我身心的修復與突破

等方面，這些變數皆會大大的影響她們管教子女的品質與成效。換言之，單身後，為維持家計，繁重工作的體力付出，常使她們對挫折的忍耐力降低，再加上單身（不論是死亡或離婚）所帶來的心理創傷與對自我的否定，常常會因孩子的表現不如期望，而以嚴打苛責或抱怨相向，此種管教模式，不但使親子關係緊張，且會使孩子無所適從或頓失依靠，而走向極端，因此，對這些單身母親來說，管教策略的調整與時間的良好管理，似乎是最需加強的課題。

因此父母在成為單親後，對自己在親職角色上的釐清及角色的扮演、時間的管理、孩子對家務的參與與負擔，皆成為應加強的重點，此外，管教孩子的質量分配，尤其對忙碌父母而言，管教「質」的掌握，更能補助「量」的不足，此種理念的強化，皆有助於管教子女成效的提昇。

二、單親父母與孩子間良好關係的營造與維持

許多相關研究都一再指出親子關係若和諧，孩子會有較多正向積極的行為表現。而在實際生活上，人們卻常存有著錯誤的想法，認為應該給孩子較多的要求、規定或處罰，才是讓孩子達成正向行為表現之最有效的方法。但由國內外許多學者的研究中皆發現，權威嚴厲的管教方式，往往只是暫時的壓抑孩

子表現不當的言行，一但壓力源消失，就很容易故態復萌甚或表現陰奉陽違的行為，如嚴厲的父母不在身邊時，仍會表現父母不期望的行為。換句話說，嚴格的管教方式並没有造就出孩子表裡如一的行為表現。而眞正讓孩子願意表現出父母所期待的行為，其實是建立在良好的親子關係之上。當親子關係相處和諧時，父母經常傳遞給孩子的是關懷與愛、良好的互動與溝通，如此孩子不但會經由父母愛的傳遞，而對自己的能力有著相當程度的肯定，同時也會對父母付出對等的愛，不願作出父母不讚許的行為或使父母失望，且會盡量依父母的期望行事。

　　因此，在單親家庭中營造良好的親子互動關係實為父（母）親必須要面對的首要之務。在開始時，父母應先檢視經過家庭的危機（配偶死亡或離異），與親子間的感情是否受到催殘或傷害？彼此間是否變得更加疏離還是更加依賴（深怕自己亦離他而去）？是否對自己更加怨恨或不信任？此些心理想法的確認與心理障礙化解，皆為再建立親子間信任關係及安全感的重要前題。換言之，單親的父（母）親必須在自己心情平靜後，坦誠的向孩子說明婚姻發生變故的原因，自己心中的感受與對孩子生活帶來打擾的遺憾，持平的告訴孩子事情發生的來龍去脈，期望此種作法能夠獲得孩子的接納與認同，此外，在溝通過程中應多傾聽孩子的心聲與委屈，希望經由雙方坦誠開放的

溝通，彼此間的關係能恢復到過去良好的基礎。

　　此外，爲長久維持親子間良好的關係，單親父（母）親應常向孩子表露愛與關懷的親情（因爲那是在歷經家庭變遷後，孩子所急須或渴望得到的）、了解與接納孩子實際的特質與能力、對孩子任何事的努力與投入經常給予正向的反應與回饋、空閒時常與孩子閒話家常與聊天，並多鼓勵孩子的成長與進步。這些作法不但能增強孩子對自我價值的肯定，且對親子間溫馨感情的營造，會有更大的助益。

三、避免因婚姻的失落而一味想以扮演「好父母」來作代價

　　多項研究證實在子女成長過程中，如果父母處處要求自己扮演「好父母」，孩子常會經歷自己表現得很差、處處不如人的痛苦。而所謂「好父母」是指那些對孩子的生活涉入甚多，且深信自己必須爲子女做每件事才是合宜表現的父母。他們幾乎成了孩子的「服侍者」，隨時注意孩子是否表現出合宜的言行舉止、學校課業是否依進度完成、成績表現是否達到他們的期望。

　　「好父母」們經常十分在意自己對此角色的扮演，認爲自己應負起孩子表現優劣的責任，且認爲孩子的外在表現即代表

著他們扮演父母角色的能力。爲了要給親朋好友們好印象，他們常替孩子做許多事以免出差錯，結果，由於父母的過度保護，反而剝奪了孩子實際體驗的機會及培養自信心與獨立性的機會，這會使孩子覺得自己無能，而凡事更依賴他人，結果會使父母更加覺得自己的重要。

此外，「好父母」常會剝奪孩子學習相互尊重的機會。換言之，每當父母以控制、專制、過份保護或同情的方式對待子女時，常會侵犯了對孩子的尊重；此外，每當他們表現出如同「看門者」的姿態對孩子時，亦侵犯了對自己的尊重。實際上，這兩種情況亦傳遞給孩子不必尊重他人權利的訊息。

相對於「好父母」，「負責任」的父母則較關心如何建立孩子的責任感與自信心，而不是一味的只注重維護自己在社區中的公衆形象。換言之，有責任的父母會給予孩子選擇的機會，且讓他們經歷自我決定的後果。他們以平等的心對待孩子，讓他們有實際經驗與作決定的機會。且不論爲容易的或危險的情境，都相信他們有能力解決，以提供孩子眞正獲得體驗與自我負責的機會。

此外，爲了要教導孩子與他人之間的相互尊重，父母應多採取堅持而非專斷的作法。換句話說，他們以溫和而堅定的方式要求子女，但卻不剝奪孩子的權利。

　　由過去的多篇研究結果中均一再指出，有些單親母親在歷經配偶的死亡或離婚時，會將此看成為自己重大的失敗，而反向的以要求子女處處表現優異，或以自己雖無丈夫仍能獨立的扮演內外兼顧、母兼父職的「好」母親作為代價，但結果所帶來的影響或傷害，常是更加深遠，此類實為輔導者應多加留意之處。

四、單親父母管教子女時應多採用「開明權威」的方式，而少用「忽視冷漠」的作法

　　由筆者（民 82）的研究結果得知，在單親家庭中，父（母）親採用「開明權威」的管教方式，最有助於子女在「個人適應」、「社會適應」、「自尊」、「偏差行為」及「學業成就」上的表現；而「忽視冷漠」方式的採用，則最有害於上述這些行為的表現品質。而此兩種作法上最大的不同，在於前者父母不但平時就會給予孩子多量的關懷與溫情，且明確的告知他們對子女行為表現的期望水準，並經常會藉著與子女互動溝通的機會協商或修正彼此期望上的差距，以得到彼此的認同。此外，當子女的行為達到父母期望時，會給予正向的反應與回饋以喚起他們對這些行為的重視。

　　換言之，就是經由這些過程，而建立了子女對社會規範的

正確認知、對自我行為適當的約束,因而表現出較多合乎社會期望的行為。反之,採用「忽視冷漠」方式的父母,在先前對孩子行為應該如何表現並無明確要求或規定,事後不論子女的行為表現是否合宜,亦多無反應。在平時不但對孩子表現較少的關懷與愛心,且亦很少與子女閒聊與溝通,此種作法,不但易使子女對社會規範認知混淆,且會阻礙子女努力求好的動機,結果,自然在各種行為上顯現出較差的結果。因此,在父(母)親皆為工作忙碌的單親家庭中,如何能確切的掌握「開明權威」管教方式的特質,亦為單親父母所應積極學習的重點。

由相同研究中獲知,單親家庭的父親由於對父職角色認知不清或投入不足而常採用「忽略冷漠」的方式,至於母親或是生計的壓力,或是情緒的因素亦常採用此種負向的管教方式,結果造成子女在「個人適應」、「社會適應」、「自尊」、「偏差行為」及「學業成就」的表現,皆差於採用「開明權威」、「寬鬆放任」或「專制權威」的管教方式。因此,輔導單親父(母)親了解「忽視冷漠」管教方式的不宜,且協助他們認知到在單親家庭中,孩子心中的空虛、挫折與失意,對父(母)親關愛的需求更會超越以往(生親家庭時),他們在平衡自己心態的同時,能對孩子多付出一些關愛與教導(最好採用「開明權威」的方式),才可真正達到預防或導正子女各種

行為表現的效果。

五、單親父母管教子女時，宜有明確合理的行為期望與明確的規定

(一) 合理的期望

　　單親父（母）親在擬定孩子行為規範時，要能符合孩子的能力。不論在孩子生活常規、讀書習慣、出外遊玩、飲食、進退應對、待人處事等方面，父母皆應先仔細的思考到底你希望孩子怎麼做。有些父母可能生長於對自己並無什麼要求的家庭，當時自己可能覺得蠻隨便的，相信這類父母在後來的生活作息上，常會面對一些痛苦與不便。因此，若希望自己的孩子未來能避免這種情況，就要擬定一些明確之生活規範的約定；如果自己不知道怎麼定才合理，可以多觀察別人，思考其中的利弊，再作抉擇。當然，無可否認的，較小的孩子對父母所擬定的規範較傾向於完全的接納，但對國中階段的孩子，若想得到他們的認同，則需要與他們共同擬定彼此都可接納的期望標準，如此，他們才會願意照著去執行。

　　此外，有些單親父（母）親，會因為自己婚姻的失敗，而希望孩子有優秀的表現，以便使他能再一次的在親友眼中恢復優勢的地位。但由多項研究的結果發現，父母若對子女擬定了

過高的期望水準，孩子如果因為無法達到而受懲罰，久之，常會導致孩子自卑退縮的個性，或是變得叛逆、暴躁或自暴自棄。因此，父母所定的期望水準應與孩子的實際能力相符或稍高一點，如此，孩子才會有較高的動力去努力達成目標。事後不論是否自父母處得到獎勵，對孩子來說都是一種肯定。這種結果所帶來的喜悅會更增進親子的關係。因此，單親父（母）親應隨著孩子的個性、能力、性向，以及年齡的成長、課業的壓力，而隨時調整，給予孩子合理的期望，如此才會帶來親子良好互動的積極效果。

(二)明確的規定

所謂明確的規定是指什麼時候該做什麼事、什麼事該怎麼做。例如早上一定要摺被、刷牙，飯後要洗碗清理，星期一到五不可以外出玩耍，星期六、日則可以，但出去玩時，六點以前一定要回到家等明確的家規。有時怕忘了大家的約定，可以寫成公約，貼在牆壁上，如此則可隨時提醒。對很多單親父母來說，由於工作忙碌，會常抱怨孩子不但不協助料理家務，還把家裡弄得一團亂，待身心俱疲的回到家後還要洗衣燒飯、整理內務，結果更是搞得心力交瘁。因此，如果單親父（母）親在事前就與孩子訂下很好的生活約定，說明為何需要如此，並運用適當的獎懲，長久以往，則可逐漸培養出孩子自理一切的

習慣，而減少為瑣事煩忙或為瑣事衝突的機會。

六、單親父母管教子女應掌握「一致性」的原則

　　管教之所以要有一致的作法，目的在於讓孩子在很短的時間內，就學會父母期望的行為，並能自我監控與管理，能依循正軌，在適當的時間做適當的事，能清楚的明辨是非善惡，能把持為人處事合理的態度。在單親家庭中，父（母）親要能把握管教的一致性，下列幾點應予以特別注意：

㈠單親父母自我尺度的一致性

　　單親父母自己一定要能掌握一致的原則，如此，不論自己情緒的好壞、身心如何疲憊，都不會影響自己的管教準則，而使孩子很快就學會到底該如何行事。為了提醒自己，父母可在家中孩子行為經常發生需要管教的地方貼上色紙（或備忘紙條），一旦養成習慣，就可以把色紙去除。此外，父母別忘了自己常是孩子身教的示範。換言之，如果要求孩子的地方，自己卻沒能做到，如此則會顯露出兩種標準，自己作了不良的示範，會使孩子的學習效果大打折扣。換句話說，散漫的生活是不需要學習的，要整理家務是很累人的，因此，如果父母自己的生活習慣就十分散漫，自然孩子也會學著把東西隨意的往抽屜塞。若父母隨口三字經、隨意損人，孩子自然也會學得出言

隨便。因此，單親父母對於孩子有要求時，自我行爲的掌控與
示範，爲不得不用心自我監控的部分。

(二)與離婚配偶間管教方式「一致性」的採用

　　由筆者（民82及民84）的研究中發現父母採用「不一致」
的管教方式，對子女的「個人適應」、「社會適應」及「偏差
行爲」等各項行爲的表現，皆會帶來負向的影響，其效果幾乎
與「忽視冷漠」的方式無異。而且這種負向的影響，在單親家
庭中，會更具傷害性。這可能是因爲在單親家庭中，父（母）
親與離婚的配偶間對孩子管教方式的不一致，有時眞正的目標
並不是在教育孩子，而是爲了要爭取孩子更多的「愛」、報復
對方、故意找對方麻煩，甚或炫耀自己……。

　　此外，有些單親父母在離婚定案後，常會對孩子感到心存
愧疚，而處處想以討好他們的方式來彌補，結果，這更破壞了
家中早已擬定之孩子所應遵守的管教原則。有時更有些孩子會
把自己所受到的管教內涵，向已不住在一起的父（母）親抱怨
或哭訴，以獲取更多關愛或同情，結果，被告知的離異父（母）
親會認爲自己的孩子受到虐待，而給予更多的回饋或補償。如
此讓孩子學會了在夾縫中獲得好處的投機心態，而表現出更多
的適應不良或偏差行爲。因此，如何與離婚配偶間協商出大家
可一致維持的管教原則，是單親父母特別需要用心之處，當然

事情的執行可能並不人容易，但是如果雙方皆能以如何做才可建構出孩子正向積極行為表現的共識，則較可行。當然，若是真的無法溝通時，也許只有透過長輩甚或律師來訂定規範的細則。

(三)與其他照顧者間的一致性

　　其實最常碰到的問題是與長輩間管教的一致性。尤其是許多單親父親常與父母或其他長輩同住，一同協助養育孩子。通常長輩在看第三代時，多半愈看愈愛，管教也愈寬鬆。他們幾乎忘記了自己在做父母時是多麼的有原則，結果這也會使孩子有了投機的機會，在父母面前無法得到的，就到長輩跟前去索取或告狀而得勢。此外，褓姆與孩子的關係亦不容忽視。通常他們不若父母有相當的管教主權，有時甚或也沒有足夠的親情基礎，因此，褓姆無法以親情作為管教的籌碼，孩子對於他們的聽從性也較低，管教的效果更是混亂。因此，在管教孩子時，父母與長輩、褓姆間應溝通協商出一套一致的管教策略，經常檢核彼此的尺度與處理孩子行為反應的一致程度，這些都是不容忽視的重點。

七、單親父母管教子女時宜多採用能提昇孩子自信心與自我價值肯定的鼓勵方式

對單親家庭的子女來說，歷經家庭變動前後的混亂場面，或是由於父母間有人病重至病亡，或是父母間理念不合而爭執、遺棄或離婚，在過程中孩子或是因為父母的遷怒而受到過多的責罰，或是因父母無暇顧及而受到忽視冷漠的待遇，此皆會間接的傷害了孩子對自我價值的肯定與自信。換言之，孩子會認為是自己不好而導致父母間的關係惡化，甚或離異、有人死亡。

因此，單親父母如何修復孩子的自信心及提昇他們的自我價值，亦為管教子女時另一重要的課題。除了前述各項給予子女充分的關愛與合理的期望外，更應多採用鼓勵的方式。此種作法的特點是在面對孩子的行為表現時，將焦點多放在孩子努力的過程及行為表現的進步上，而不只是將重點放在行為表現的結果是否達到我們的期望。如此不但能提高管教的成效，對孩子來說，也不會因無法達到父母期望而沮喪、不願意再繼續努力。換句話說，鼓勵的精神在於父母注意到孩子努力與進步，即使進步很少，父母仍會給予肯定、稱讚或正向的回饋。此種作法，會使得孩子肯定自我的能力與價值，不但會有更高的動機願意繼續努力，突破困境，且能在親子互動中建立更為愉悅

的關係基礎。

八、單親父母應採用能建立孩子獨立自主、自我負責與自我管理的管教策略

在單親家庭中，「忙碌」幾乎成了單親父母的最大生活寫照，若再加上家務的繁忙，孩子的沒規沒矩，只怕更是火上加油。有些單親父母，當面對孩子責難他們未將家務及孩子照顧好與教導好時，常自責於自己的能力不夠、愧對子女，而採用更加寬鬆或放任之方式對待他們，但有些單親卻會在壓力無法負荷、情緒激動時，對孩子動輒漫罵或飽以老拳，結果不但未做到子女行為的導正及角色期許正確訊息的傳遞，還對親子關係帶來更大的傷害。

單親父母必須仔細評估，到底在哪些情境中最易引發親子間的衝突，由於工作上的壓力與忙碌幾乎是較難避免的，若想在短時間內就會見到成效，也許可自建立孩子良好行為習慣上著手。除前面幾項所談的重點外，父母更應採用自然、合理的結果，讓孩子經歷自己因為沒有遵循先前的約定，而給自己帶來許多不方便。如東西用完若未歸原位，則會生活在雜亂的環境之中；做完功課未整理書包，第二天就會遺漏功課而導致老師的責罰；洗米煮飯若未按下開關，則會延誤吃飯的時間；考試快

到，若自己不早早規劃、依序行事，到時就是一團混亂……等。

　　總之，單親父母必須改變過去面對孩子表現不好或犯錯時又吼又罵的方式，而事先讓孩子明瞭在目前家庭現況下，彼此能相互配合的期望，且讓孩子歷經到若他未依規定行事，所帶來最大不方便的，只怕不是他人而是自己。其實這也就是採用自然合理結果的最大功能，它不再會激發親子間相互怪罪的危機，而會逐漸建立起孩子獨立自主、自我管理與負責任的特質，這正是單親父母所最希望獲得的助力。

九、單親父母應多掌握與子女間溝通的機會與品質，並建立良好的溝通習慣

　　親子間若常有機會閒聊、溝通、建立無話不談的習慣，平時不但可以交換資訊或想法，溫馨、關愛的感情也會在無形中盡情的交流，良好的親子關係自然就會形成。經常有許多父母抱怨孩子根本不與他們說話（其實多半時候是父母在數落孩子的不是，造成孩子不悅，而懶得理父母），或單親父（母）親常抱怨每日回家時，身心已經很疲累了，哪還有精力、時間與孩子多談，長久下來，彼此間的關係自然就愈加生疏了。其實，溝通所要掌握的精神是你願意用耳到、心到、眼到的去傾聽，而且不是只聽對方所傳遞之正向愉快的事，也要包括他所經驗

到的委屈、悲傷、不愉快的事件與心情，此外，除了交心之外，還包括了困難問題的商討。所以，孩子如果從小就與父母間建立了無話不談的溝通習慣，穩定和諧的親子關係也就不必擔憂了。

　　對單親父母來說，面對家庭的創傷，孩子心中的不解與怨恨，及對未來不確定的憂慮，皆需要單親父母有心營造好親子關係後，予以坦誠溝通與化解誤會。此外，未來生活中，對彼此角色扮演的期許與溝通、行為規範的建立與認同、突發事件的因應處理與檢討，皆更需良好溝通習慣的建立。因此，對單親父母來說，即使生活再忙，平時多用心培養、安排與孩子閒聊的機會，有事發生時，靜下心來共同檢討失誤或未留意之處，再補強未來運作的流程，長久以往，不但能滿足孩子對親情的渴求，也更能確保良好的親子關係。

十、單親父母應隨時察覺孩子對他們管教方式感 到滿意的程度

　　由研究結果中得知，父母採用管教方式對子女行為的影響，會因子女對此種作法感到滿意程度的不同，而有差異。換言之，如果父母採用「開明權威」、「寬鬆放任」的管教方式，若子女對此種作法仍感到不滿意時，他在各種行為上的表現，仍會

較差於感到高滿意者；同理，即使父母採用的管教方式是消極、負向的「專制權威」、「忽視冷漠」，但是如果能得到子女的認同、接納或高滿意，仍會對其行為表現帶來積極的成效。由此而延伸出的一個啟示是：單親父母本身或是因為個性的因素（過份緊張、要面子、尚未走出配偶死亡的悲傷或離婚的憤怒與悲情），或是因為成為單親後工作角色及生活壓力的調適不及，而對子女有高成就的期望，雖知負向、冷漠、嚴格的管教，不但有損親子關係，且會對子女正向積極的人格成長帶來傷害，但仍無法克制自己而選擇積極的管教方式，若能在平時與孩子溝通，讓他們了解你對他高期望的原因，及對他苛責的無奈、教育他的苦心、生活中的困境，藉此設法得到孩子的認同與接納，如此即使採用的管教方式較不合宜，孩子會體諒，而降低可能對他們身心帶來損害的結果。因此，單親父母在管教子女時，除了慎重的選擇較合宜的管教方式外，更應經常藉由觀察與溝通的機會，了解子女對自己所採用管教方式感到滿意的程度，以為因應或調整。

「結婚」、「生孩子」常被人詮釋為人生最美好的事。有了可終生相互分享、親密依存的配偶，有了可傳遞關愛呵護、撫育他們成長成就的下一代，在歡樂興奮之中，幾乎沒有人會

預測到事情的發展並不總是如此的完美。配偶因病重、意外而死亡，或因變心而離異，都會使生活因而混亂，事後即使心想定下來再出發，也常不知如何開始；此時，如果沒有孩子，事情的處理也許還簡單些，但是孩子在出生後，與我們父母之間就已構織成不可分割的關係。其實，家庭在變故過程中，父母或是由於追求自我需求的滿足、自我尊嚴的維護、對配偶的日夜照顧或與配偶間行事風格的不同而互相批判、推責……等，幾乎早已忘了對孩子身心、生活需求的照顧，父母良好形象的示範，及合宜管教策略的採用；待配偶死亡或與配偶離婚的事情定案後，有些人又會將此結果解釋為自己的失敗，而沉淪於憤怒、怨恨或自憐的惡質化情緒中，對孩子更是無心聞問，或甚至視孩子為遷怒的對象，結果不但更惡化了親子關係，對孩子積極行為的塑造更加失去功能。許多研究一再指出，行為表現偏差的青少年多來自單親家庭。其實如果將單親家庭與偏差青少年間直接劃上等號，那是極端不公平的事，因為幾乎沒有父母不願意養育自己的孩子，也沒有任何青少年天生就想學壞。其實家庭的變故，不論父母或是青少年都是受害者。為了配合孩子身心的健全成長，單親父母根本沒有可用來抱怨的時間與機會。孩子的成長是等不及的，單親父母唯有即早調整好自己的心態，振作起來，才能使家庭的生活常規即早步入正軌。

參考書目

王鍾和（民82）：家庭結構、父母管教方式與子女行爲表現。國立政治大學教育研究所博士論文。

王鍾和（民84）：家庭結構、父母管教方式、子女滿意度與青少年行爲表現。教育部訓育委員會八十三年度專案研究計劃。

王鍾和編著（民84）：親職教育單親家庭篇。台北：教育部。

＝第二章＝

單親家庭的
自我調適與成長

吳秀碧　著

　　孩子的行為發展與家庭和家庭教育有著密不可分的關係。成人由於個人主宰力較成熟，在環境適應過程能夠使用決策來主宰自己的行為和生活；未成熟的孩子由於資源的有限性，導致受制於環境的影響較大。一般偏重家庭結構與孩子行為關係的研究常發現，單親家庭的孩子的確比雙親家庭的孩子呈現較多適應問題；然而偏重家庭功能對孩子行為影響的研究，則發現決定孩子適應良窳的因素取決於家庭功能，而非家庭結構（吳秀碧，民75）。前述情形可能由於家庭功能為直接影響孩子適應功能的主要因素，而家庭結構則為間接因素。與雙親家庭相比較，在社會上單親家庭要維持充分的家庭功能或許比較不容易，所以才造成單親家庭不如雙親家庭有利於孩子的成長和發展，而不是單親家庭的結構必然會教養出適應困難的孩子。

　　由於傳統上，社會的制度、文化和期待均以雙親家庭為藍本，以致於不適用於單親家庭，使單親家庭存在於社會的邊緣，單親家庭的成員在以雙親家庭為主流的社會便有許多環境條件的不利性。例如社會總是期待和看待雙親家庭為「健全」的家庭，相對的便予人單親家庭為「不健全」的家庭之錯覺；又例如一般人均習慣家庭中的父母在家務和經濟均相互分工或合作，若其中一人在短期內或臨時不能負擔責任時，通常由另一人暫代，因此社會並無臨時或短期支援家庭父母之制度，所以當單

親家庭的單親一旦遭遇短期或臨時不能負擔責任時，家庭功能
便有危機；再者，一般家庭均習於夫妻分工持家，一旦發生家
庭變故，單親的父或母得被迫身兼二職。由於對於另一人的職
責之生疏，將頓覺倍感吃力，尤其缺乏工作條件的女性，勢必
面臨家庭最大也是最基本的危機——經濟問題；還有夫妻二人
在家庭所扮演的功能，不只是物質層面的功能，同時也是心理
層面和社會層面的功能，在夫妻一人離去或死亡時，家庭的失
落是多重的，不單是經濟的危機而已。因此，學者多認為除了
需要社會支持和經濟資源以協助一個悲傷的單親家庭重建外，
尚需維持單親家庭內的穩定和能實際照應單親家庭的環境。

　　本章將分別說明失偶或喪偶對家庭和個人的衝擊，以便了
解家庭和個人在調適和成長的需要，並提出可供單親家庭自我
調適的辦法。

壹、失親的家庭像脫序的巢

　　一個家庭並不等於將每個家庭成員加起來的總合，或只是
由家庭成員聚合的一群人。從家庭系統理論的觀點，家庭是一
個有組織的統整體，並有如同生物的運作系統存在（Hoffman,

1981）；簡言之，家庭就像一個有機體一般，有組織和有運作系統。的確，從團體動力學的觀點，家庭就是一個典型的團體，每個家庭成員在互動之中逐漸獲得在家庭中必須承擔的功能和角色，例如丈夫在傳統上都必須負責家庭經濟，即便妻子有職業，多數只是支援的配角，孩子在家庭也扮演著重要的功能和角色，通常孩子是家庭的未來希望，也是父母情感滿足的來源之一，所以孩子並不單單只是家庭的消費者角色。其次，每個家庭有相當固定的溝通模式和管道，可以流通家庭功能和進行情感交流。另外，家庭有各種規範和規範的維護者，父母通常扮演相當重要的維護者角色。最後，每個家庭都有權力分配和運用的情形，通常丈夫握有較大的權力，可運用的資源較多，許多重要決策均由丈夫決定。這些家庭的組織通常環環相扣，形成一個完整的系統化結構。

　　在家庭系統理論的另一項重要概念是運作，這是一個家庭內在和外在維持穩定和成長所必需的功能。穩定和成長是予盾的現象，一個家庭通常都會力求穩定才有安全感，然而每個家庭成員會有生物性的成長與改變，所以要維持家庭內的不變，基本上是不可能的，再加以外在環境的變動，例如孩子長大得換學校，丈夫工作職位變動，社會期待不同，則家庭必須去因應這些變化。家庭系統論的學者（Hoffman, 1981; Keeney,

1983）便主張家庭有順應（adaptation）和自律（self-regula-
tion）的功能。前者是一種穩定機制（stablizing mechanism），
用以維持家庭的恆常，也就是一種動態的平衡；後者則是一種
轉換機制（transformation mechanism），用以統整外來的新訊息
或環境的改變。任何一個家庭都必須要有這兩種機制以維持家
庭在穩定中成長。這兩種機制的運作與家庭的組織和結構密不
可分，所以家庭中的每個成員在家庭的自律功能和轉換功能常
扮演著一定的角色。而當離婚或死亡發生時，家庭組織中重量
級的角色突然欠缺，家庭的自律功能和轉換功能將發生嚴重障
礙，然而家庭組織會企圖盡力維持平衡，發揮自律功能和轉換
功能，這便是家庭在應變成為單親家庭的調適過程。

　　Worden（1991）認為想了解死亡所帶來的悲傷與家庭系統
的關聯，至少可以由三方面評估：其一，為死者在家庭中所扮
演的角色或功能；其二，為家庭的情緒情感統整狀況；其三，
為家庭隱藏或表達情緒的情形。因此，像父或母這樣重要角色
和功能的家庭成員過世或離去，對於整個家庭及每個成員都有
很大影響；尤其，家庭中的孩子均尚未成年，其影響更為深遠。
Bowen（1978）認為當家庭中的重要角色被奪走之後，其他家
人將尋找遞補該角色和功能空缺的人。例如父親死亡或離去，
家裡便需要有人遞補經濟、作決定、保護等功能的角色；當母

親太脆弱不能完全承擔這些欠缺的功能時，長子女往往會遞補這些角色，而成為家庭中「英雄」的角色，這個角色往往使長子女將個人需求置之一旁，力圖獨立承擔家庭重任；若是排行居中間的孩子則可能因平常與父母關係較為疏遠，反而受到的影響較小。

　　其次，家庭的情緒情感功能攸關家庭成員之間的關係和凝聚力。家庭成員之間的關係不只是生活任務的關係，最重要在於情緒情感供輸的連結關係。一個家庭若平日就有良好統整的關係，表示家人相互之間的情緒情感功能正常，家人均能感受到家庭情緒情感的滿足；如果家庭發生死亡或離婚造成失去父或母，則家庭留下來的成員較能相互扶持去因應這樣重大的失落，家庭的調適功能將會較好，有時候甚至沒有太多外來的協助，家人仍舊能夠克服萬難，找到新的家庭平衡，維持正常運作功能。反之，死亡或離婚前已存在欠缺統整的家庭，通常在發生失落事件之後，家人對失落表達悲傷反應的能力便有限制；例如，夫妻長久以來衝突不斷，一旦有一方死亡，另一方可能由於需要被愛的掙扎從此無望，且痛恨的情緒已失去發洩的對象，而導致嚴重的悲傷困境，在這情形之下，子女表達悲傷的困境也隨之發生；因此，這種家庭成員日後較容易出現情緒症狀、生理功能性疾病或偏差行為（Worden, 1991）。在一份調查

研究發現（Rosenblatt & Karis, 1994）：死亡發生時，家人會出現疏離的現象，尤其在死亡事件發生前已和家人關係較疏離的家庭更明顯，死亡發生後家人彼此之間甚至根本迴避在彼此面前去談論這件事，更談不上可以彼此表達情緒、相互扶持。發生死亡而造成家人疏離的原因主要有：

*1.*自責：任何死亡必涉及自責情緒的發生（Despelder & Strickland, 1992）。這是一種憤怒死者離自己而去，不能對死者生氣，而將憤怒目標朝向自己的情形。所以，會尋找自己造成死亡的有關原因，比如責怪自己當初未能堅持死者需要及早開刀治療才會死，而事實上這只是一種非理性的想法。自責的情緒會使個人和家人保持距離。

*2.*害怕被責備：害怕被指責怪罪是另一個造成家人疏離的原因。父或母過世，孩子有的會害怕被指責當初未曾體恤父母，常惹父母生氣。意外死亡事件更會使家人害怕被指責與意外發生有關。

*3.*悲傷而無力支援家人：由於失親、失偶或喪親、喪偶家人因悲傷而處於低精力狀況，自顧不暇便無心亦無力去關照其他家人，這是另一種常見情形。寡婦或鰥夫常在悲傷早期完全忽略了子女的情緒和生活需要。

*4.*家人悲傷的進展不同：由於與死者關係的差異以及個人

因素，家人悲傷表達方式不同，悲傷的時間也各異。有人在死亡發生時表達很充分的悲傷，而後恢復較快，有人則是初期不太有悲傷表達，日後悲傷一直持續存在。因此，家人有的可能想談失落事件，有人則已不想談，這些情形都會造成家人各自退縮在一隅。

5.經濟壓力或家務壓力：由於失去父或母所遺留最現實的問題便是經濟或家務問題有待解決。忙於生計的單親常使子女感到疏離，孩子可能因分擔家務或生計而少有機會交談失落的事，但這卻是他們最想談的事，這是另一個造成疏離的原因。

6.姻親關係疏離：由於丈夫或妻子過世，姻親之間少了維繫關係的人而疏離，甚或關係斷絕也是常見的情形。公婆或岳父母的關係因死者已逝而疏離或中斷，也減少了核心家庭成員的社交網絡。

以上造成家人疏離的原因只是其中的一部分，可能還有各種個人因素形成疏離。在諮商員協助這類單親家庭或個別家庭成員時，必須審慎了解詳情，便於介入處理。尤其，有些家庭成員疏離家人，而在其他人際關係發展較親密的聯絡。保持家人距離不一定完全不好，有時因為有一些距離使得家庭成員重新思考自己的家庭角色和關係，而有新的學習和領悟。有時候家人在死亡或離婚發生之後走過悲傷的歷程反而更成熟、更親

密。甚至在一個功能失常的家庭，與家人關係較遠、較不常在家居住的子女往往受到負面的影響反而較小。

　　最後，家庭在失落事件發生時其因應功能也取決於家人能表達悲傷和表達情感的程度。家庭往往被喻爲「避風港」，其中意味著家庭可以提供個人情感滋養和情緒表達的安全之處，這也是家庭最可貴的價值。情感情緒表達包括可以表達的情緒情感類別和溝通型態。不正常的家庭往往也最禁止負向情緒表達，最諷刺的是這種家庭負向情緒暴動與發洩也最激烈和頻繁，或是相反的非常壓抑和缺乏情緒情感表達，包括正向情感情緒都很壓抑，以致於每個人都有過度情緒負荷問題，而無法去關心和注意其他家人，或對於家人情緒表達的過度敏感和不能容忍。所以，當離婚或死亡發生，功能不正常的家庭最無法提供家人情緒表達的機會，家人已習慣壓抑情緒或使用暴力的溝通方式，而且彼此心裡都明白，負向情緒的表達可能招來家人不能容忍的衝突。Worden（1991）認爲死亡事件會糾結各種高度緊繃的情緒，這些情緒要能夠去體驗、去分辨清楚並表達出來，完了這些悲傷的情緒是相當重要的工作。若家庭裡人人保持距離和壓抑情緒，將使家人不能充分解決失落的悲傷問題。這類的家庭非常需要外力的協助，尤其是家族治療的方式最能協助這種家庭成員去突破困境。

貳、成為單親的心理反應

成為單親最常見的原因為離婚和死亡。因離婚而成為單親和因配偶死亡而成為單親，在社會意義和個人心理反應都有差別。通常社會上的人對於離婚者和寡婦鰥夫抱持著一些刻板印象。

離婚者容易被視為社會適應的失敗者，一般人想像一個離婚者可能孤獨、憂鬱、頹喪的樣子。事實上，由於社會變遷，現在的離婚男女可能任何樣子都有。男女的離婚經驗或許不太一樣，男人離婚後可能小孩都歸女方或將小孩交給自己的父母照顧，自己恢復單身的自由，沒有家累和責任；女人離婚則比較會感到關係的失落，並且得肩負家庭各種責任，尤其由家庭主婦被迫重返職場的婦女更感受到經濟的壓力，因此，多半感到過度負荷、擔心家用、心埋欠缺安全感、對未來更是耽心和害怕。不過也有愈來愈多離婚的男性懷念家和婚姻所提供的安定感，而且離婚的男性因依賴和求助表達不同於女性，較不容易建立社會支持網絡；相反的，隨著婦女就業的普遍和女性獨立能力的增加，離婚的女性可以減少經濟的耽心。

　　每個離婚者可能因為個人因素和情境因素而有不同的心路歷程。Atwood 和 Genovese（1993）認為離婚者常會經歷否認、衝突、兩難和接受四個階段的歷程。離婚初期多數人會感到分手的震驚，可能一時之間難以相信離婚的事實，即便爭吵要離婚已有時日的夫妻，在完成離婚手續時仍會短暫的對離婚不太有實在感。有些人會感到麻木，驚奇自己沒有情緒反應；當然，有人可能有解脫感或恐慌感；不過最普遍的情形是對於分手有一種被遺棄的害怕，因此引起高焦慮和不安，同時可能導致睡眠和飲食障礙；多數人則感到這期間難以專注做事或生活，或心不在焉和健忘；有些人則變得情緒常常失控或心情鬱悶，隨後會逐漸出現各種衝突的情緒，可能有時候想到離婚總算脫離了不舒服的婚姻關係，可以自由自在的生活，有時候可能會想念以前的配偶，但是不一會兒腦海裡又出現對方令自己生氣的事，這些反覆變化不定的情緒與想法有關。通常在第二階段的心理歷程會隨離婚的現實感增加，而出現不斷省思婚姻中的過錯和檢視誰該負責，也同時會想到婚姻中的正向經驗。因此，心情擺盪在正向情緒和負向情緒之間，內心充滿矛盾的情緒。這種心情逐漸減少之後，個人便發生另一個困境，就是個人自我認同必須改變的問題。由於結婚使個人建立的自我認同是由兩人共同發展出來的，有婚姻關係的男女在個人自我認同中是

包括著對方，例如是某人的妻子或某人的丈夫，甚至是某人的母親或父親，離了婚就得面對這些自我知覺的改變，不再是已婚者、丈夫或妻子，而是離婚者，必須調整自我知覺和自我認同是一個很不舒服的心理歷程。有些離婚者經過很長一段時間仍然很難以向他人表明自己已經離婚，主要原因在於改變自我認同的困難，會感到一旦改變自我認同也失去了一些社會意義和價值，所以無法面對這樣的事實。這個階段是離婚心理歷程中最具壓力的階段，這個階段的轉移成功有助於個人對離婚事實的接納。進入接納階段的個人通常會感到解脫並接受自己的處境，重新體驗自己的長處和成就，滿意自己的人生型態，不再眷念過去，重新覺察自己的需求。假如一個離婚者不能走出前面那些階段進展到對離婚的接納，則可能出現諸多問題而需要專業人員的協助。

　　因死亡而成為鰥寡的單親不會像離婚的單親有失敗者的感覺，然而在我國的社會文化對寡婦比鰥夫持有更負向的看法，寡婦被視為「刑剋」丈夫的人，為不祥的人。這種文化影響寡婦的社會和心理調適致鉅。此外，寡婦再婚率比鰥夫少，也使喪偶的女性對未來的恐懼和不安大於喪偶的男性。現在由於婦女不再只扮演家庭主婦的角色，當發生喪偶事件時，她的自我認同、個人功能等有許多仍舊繼續存在，對於自我知覺和角色

轉換較有利。至於心理層面的反應過程，鰥寡與離婚者不同之
處在於關係的被剝奪，一種不容協商餘地的剝奪關係，所以關
係的失落為最大危機。通常死亡發生的時候為悲傷反應最嚴重
的階段，哭泣、難以入睡、失去食慾、不能專注、健忘等症狀
均以死亡後一個月內最嚴重（Atwood & Genovese, 1993）。其
後情緒反應為最主要的心理歷程，甚至嚴重影響身體的健康，
或導致自殺或意外死亡。因此，最好在喪偶的第一年作健康檢
查，並好好注意自己的健康（Seligman, 1973）。此外，悲傷歷
程的久暫和程度與社經水準、死亡原因、孩子大小及死亡發生
前的生活危機也有密切關係。Worden 和 Silverman（1993）研究
一群有學齡兒童的喪偶者發現：在喪偶四個月時有高度憂鬱症
狀者，在一週年時也同樣有高憂鬱症狀；不論鰥寡，子女年齡
愈小，尤其子女年齡在六歲以下者，這種情形愈嚴重；而生活
中同時有其他壓力者，憂鬱症狀也愈高。Parkes（1975）也發現
配偶發生死亡之前有其他生活危機存在者恢復較慢，對於死亡
發生缺乏預期心理者和低社經階層者也同樣恢復較慢。所以，
Atwood 和 Genovese（1993）特別提醒，即使是在正常的悲傷範
圍，若情緒、心理和身心反應症狀都嚴重，而且持續不減，那
麼這個單親便很難執行他的角色和維持各種角色的關係，也無
法因應個人在經濟和社會身份改變的種種問題。由此應注意單

親自己若情緒、心理等各種困擾嚴重或持久不減者應尋求協助，以免影響自己的身心健康，並影響對子女的教養。

參、失親兒童的心理反應

　　當有死亡或離婚事件發生時，教師和父母最關心的問題包括：孩子了解死亡或離婚嗎？孩子會悲傷嗎？多大的孩子才會了解和悲傷自己失去父母？對孩子會有什麼影響？通常一般人認為嬰幼兒對世事無知，不會知道父母永遠離他而去，也不會悲傷，甚至父母過世兒童也沒有傷心的流淚，一定是不知道要悲傷。事實不然，心理學家認為孩子心中對死亡的概念和成人不一樣，所以孩子的悲傷方式也與成人不同，但是並不表示孩子不懂得自己失去父母，也不知道要悲傷。相反的，孩子和成人一樣，當失去父母時他的悲傷狀況和程度與死亡發生的情境、孩子與死者的關係、死亡發生後日常生活困擾情形、他人支持及孩子本身人格特質等均有密切關係（Bowlby, 1980; Raphael, 1983）。同時，晚近心理學界也深信孩子可以完全解決自己的悲傷問題，復元得很好，如果可以依據孩子年齡階段和認知能力提供他們正確的訊息，容許孩子自由而充分的表達對失去父

或母的心情，讓孩子參加喪禮儀式，照顧孩子的成人繼續保持
留意孩子的需要，提供安全感和穩定的照顧，則孩子通常能走
過失去父母的悲傷，正常的發展（Sekaer, 1987）。充分完了對
失親的悲傷，對孩子是一件重要的事。Jacobson 和 Ryder
（1969）很早便發現，早年失親者成年之後有難以與人建立親
密關係的問題，尤其在七歲左右喪親者甚至連配偶之間都比較
不易建立親密關係（摘自 Dilworth & Hildreth, 1997）。此後學
者更發現兒童時期未解決的悲傷會影響到成年期，包括持續的
焦慮和憂鬱、想死的念頭、自責和內疚、暴發性的攻擊行為、
強迫性的只依靠自己、耽心為人父母不能稱職等（Amato, 1991;
Dilworth & Hildreth, 1997; Parkes, 1972; Zall, 1994）。所以，對
孩子悲傷反應的了解是協助孩子的基礎。了解不同發展階段的
孩子對失親的認知特徵和表達悲傷的特徵，有助於成人知道如
何協助孩子。

　　一般人很難想像嬰幼兒失親的悲傷反應。自 Piaget 的認知
論問世以來，對嬰幼兒的研究便可行性提高。出生後的兩年之
間孩子正處於 Piaget 所謂的感覺動作操作期，孩子透過用感官
的行動探索和感覺統合的行動去了解世界，並將經驗加以組織
而內化為認知，因此嬰兒與父母親互動會有相互的行動和情緒
反應，這是日後情緒發展的基礎。而 Erikson 也注意到這個時期

對母親信任的發展與日後人際關係發展的關係。所以，這個時期喪親或失親主要影響在對嬰幼兒持續穩定的照顧，由於不能提供照顧者和嬰幼兒之間相互規律性的互動，使得嬰幼兒在情緒和自我確定感的平衡發生干擾。嬰幼兒的悲傷經驗乃透過照顧的不穩定或照顧者的憂鬱情緒而形成，嬰幼兒會在身體自我意像或行動象徵方面記憶和表徵其悲傷經驗。在未來他們對死者只有想像，沒有記憶。但是失親的創傷，不論是死亡或離婚所造成的結果，都將長存於身體意像（Terr, 1990），這些以身體為本的意像將使孩子易於自責，將來在人際之間孩子比較會自認為自己有問題才造成人際問題。

學步期的孩子已有語言能力，能使用語言來進行情緒象徵的表現，也首度覺得自己身體的存在和依賴他人，因此有強烈的依賴和自我確定感的衝突，三歲的「否定期」便是這種現象。這個時期的孩子隨著對環境的探索，獨立性大為增加，在社會心理發展層面出現Erikson所謂的自主對害羞的階段，提供安全的親子關係有利於自主性的發展。喪親的孩子可以直接體驗到失落，在孩子的行為和語言都可以見到表達悲傷的情形，例如孩子可能利用在沙發椅跳上跳下的儀式性行為作為表現他對死亡的了解和焦慮。處於這個年齡，在孩子的想法中可能死亡和分離意思相同。

　　到達學齡前階段，孩子各種認知能力更加複雜，也到了
Erikson所謂的主動對內疚的階段。孩子更想找尋自己的目的和
方向，同時也會考慮父母對他的嘗試性行為的看法。同時這個
時期孩子從事許多活動均需運用肢體，所以身體與孩子自我意
像的發展變得很重要。在認知方面，孩子使用幻想、奇妙想法
和實際的想法來解釋死亡的原因，例如生病會死、壞人會死，
但是在孩子的心中認為人死可以復活，例如有最好的醫生就可
以救活，或神奇的藥一吃就可以活過來。雖然，孩子逐漸了解
死是一種終結，但是，對自己所依附的父母死亡往往被視為離
開，並且期待有朝一日會回來。父母死亡也常引發孩子內疚，
認為自己不乖或令父母生氣才導致死亡。

　　學齡期的孩子在認知發展方面進入Piaget所謂具體操作期，
能使用邏輯思考方式解決問題，有算數能力和時間概念，而且
也具備了心理的自我防衛機轉。在死亡概念的發展方面，能了
解死不能復活，對致死原因逐漸有具體性了解。喪親的孩子可
能外表呈現不太在乎和沒有情緒情感反應，然而內心則維持與
死者保有親密關係，有時會幻想死者會出現。由於在社會心理
層面的發展處於Erikson所謂勤勉對自卑的階段，對於身為喪親
的孩子會感到自己與一般家庭的小孩不同而感到羞恥。

　　由以上敘述嬰幼兒和兒童對死亡的認知尚未臻成熟與成人

差異很大，在喪親的悲傷反應亦不同。顯然，孩子的發展階段，
對死亡的了解以及家裡的成人對死亡的反應最能影響孩子的悲
傷反應和復元狀況。孩子可能在喪親這樣重大失落發生後，仍
會和同伴一起玩，或自己看電視、做畫、玩遊戲或玩具。但是，
這種表現並不表示孩子不悲傷，而是他們逃避悲傷困境的方法，
也是他們用以保持與死者緊密關係的方法。通常這些表現都被
誤解為不悲傷和沒有感情（Rosen, 1991）。事實上，在喪親的
第一年孩子外在行為不太容易看到很大變化，主要都是在內心
的變化。孩子會在自我概念方面逐漸消極化，在制握（locus of
control）方面感到外在制握，不能夠主宰環境和發生在自己身
上的種種。大部分的孩子在第二年才逐漸可以看到外在行為的
消極化，例如課業成就明顯低落、好的行為減少、偏差行為增
加、加入不良團體等（Worden & Silverman, 1996）。顯見在喪
親的第一年是重要的關鍵期，能及時協助孩子處理悲傷，積極
方面有利於恢復，消極方面可以預防偏差的發展。

肆、失親青少年的心理反應

　　到青少年時期由於認知功能的高度化，使孩子具備了抽象

思考的推理能力，正是 Piaget 所謂的形式操作期。這時期因可以作抽象思考，使得孩子重新思考和界定自己與父母的關係、重新處理依附的過程、重新調整良心道德與現實的平衡。社會心理的發展進入 Erikson 所謂的自我認同對混淆的時期，與父母之間的依附關係正變化為個體化和依賴的兩難局面，一方面追求心理獨立，另方面尚須父母的支持和肯定。安全的親子關係將有利青少年成功的發展出心理獨立，完成個體化的發展，而能夠重新界定與父母的關係為互賴，而不是單方的依賴父母。在這個時期青少年已有成熟的死亡概念，了解死亡和悲傷的關聯。但是對死亡仍有一些幻想，例如父母離婚或死亡，青少年還會幻想他死去的父母還會回來，或離婚還會再結婚。此外，喪親的青少年可能為了照顧單親的情緒，而不會像一般青少年從事青少年成長的各種冒險活動，並且常自動留在家中，甚至企圖承擔死者的任務去照顧家人。這些舉動對於青少年的個體化發展有負面影響（Rosen, 1991），而且喪親對青少年自我認同的發展也缺少了重要的資源。在悲傷情緒表達方面，和兒童相似，在青少年早期孩子不大表露眼淚和悲傷，要到青少年晚期他們才比較能容許自己在成人和同儕面前掉眼淚哭泣。在研究方面發現（Murphy, 1991），不論失親是由於死亡或離婚，青少年都非常壓抑情緒，限制自己對於失落的情緒表達，因此到

成年期有時有一些傷感，自己卻找不到原因和理由。同時也因
為需要安全以利個體化的發展，然而事實不可得，使他們對外
界感到不安全。青少年期的依附失落也導致成年期的孤獨感，
與他人難有心理親密關係的連結。由此可見，即便到了青少年
期，失去父母這樣的重要關係，對個人一生的心理發展仍有長
遠性的影響。

伍、單親家庭的心理重建

　　成為單親家庭不只是少了一個男主人或女主人，而是一個
家庭團體在心理層面和生物層面的瓦解和重建的歷程。這個家
庭的組織重建，包括角色和功能的分擔、溝通與關係的重新連
結、權力的調整，甚至規範的改變等。在心理層面則尚需處理
因失落而產生的悲傷歷程。單親家庭的心理重建成功與否與下
列各因素有重要關聯（Shapiro, 1994）：

　　1.文化與宗教信仰。

　　2.親戚、朋友、同事、鄰居、教友等社會網絡。

　　3.代間關係和單親的原生家庭的關係。

　　4.家庭互動型態和共同尋求穩定的策略。

5.個人的反應、因應策略和對家人關係的想像。

　　宗教信仰不但提供精神寄託和支持，有組織的宗教團體教友之間通常可發揮支持的力量。此外，親戚、朋友和同事的支持網絡也有利於單親減少社會孤立無援的狀態。尤其中國人的家族關係較為緊密，良好的家族關係往往能給單親提供較實質的協助。而最重要的莫過於單親家庭本身面對失落的因應條件和能力。其中又以單親本身是否能努力尋求解決失落的悲傷和協助子女走過悲傷的心路歷程最為重要。茲建議如下：

一、面對失落的現實

　　知道失落已發生，然而接納這是個事實卻是人的情感和態度之中最不容易之處。被動離婚或突然死亡的失落往往最令人難以接受殘酷的事實。迴避事實或抱持幻想，只有延續悲傷，不能解決悲傷。因此，調適的第一步是面對現實。當單親在家裡能與孩子充分去談論離婚或死亡的事件，才能協助孩子增進失落的現實感，並去溝通彼此的感受。雖然，這樣做可能很傷痛，但是只有真正去體驗傷痛和處理傷痛，才是唯一的療傷辦法。假如是死亡事件則應該讓孩子一起參與喪禮，以便利用喪禮向死者告別。

二、家人共同分享對失落的悲傷和懷念

　　一個人要表達悲傷必須有適當的對象，獨自飲泣常不能充分利用言語宣洩心情。成為單親的家庭，家人一起談論失落的悲傷雖然不容易，但值得一試。惟有單親願意和孩子一起談論共同關心的這件事，孩子才有機會了解單親父母的心情，也願意和單親父母分享自己的心情。這樣可以促進相互了解、減少疏離，又可獲得相互支持。家人可以一起做一些活動，例如談論已死去或離去的父母，以便可以哭泣失落的關係，可以分享以前美好時光，甚至可以表達憤怒或原諒，如此有助於統整失落的經驗於個人回憶中，使失去的人與關係能找到適當的新定位，這個失落的悲傷才能早日了結。如果能藉遺物或翻閱家庭相簿將使談論更為方便。

三、照顧個人健康

　　由於死亡和離婚對個人是一項重大壓力，一如前述對個人健康有所影響，尤其兒童和青少年由於壓抑的情緒常經由身體疾病表達（Lindemann, 1994），而健康情況對個人調適有直接影響。因此，在成為單親家庭的第一年應特別注意每個人的健康狀況，重視飲食調理，避免抽煙飲酒，多運動或從事喜歡的

活動或家人一起去旅行郊遊。好好愛自己是恢復的第一步。

四、開家庭會議共商穩定策略

　　當家中的一人不在了，在實際層面家庭團體將逐漸瓦解並重新組織，一般這種情形都容易被忽略或不了解，直至構成一個不健康的家庭團體出現才感到局面難以收拾。因此，控制並管理家庭團體變化過程之上策，便是經由家人公開討論各種穩定策略，以便達成共識。家務和經濟是家庭成員角色和功能主要來源，家務和經濟的安頓有助於家庭的穩定，透過說明和討論即使兒童也可以體驗改變的必要，也許對於改變會感到悲傷和挫折，但有助於孩子去接納改變的現實。家庭會議原本是常用於親職教育的一種方法，當家庭變故時更是可用以共度難關的方法，透過公開討論，孩子可以在穩定家庭的工作中獲得正向角色，並感受到自己對家庭安定的貢獻，對於自我價值感也有益處。若單親無法獨自照顧孩子，而必須將孩子安頓在親戚家，也必須透過家庭會議協助孩子了解這項安排的必要性，而不是武斷的在不讓孩子表達想法和情緒下強迫孩子配合，以免孩子有被遺棄感。

五、保持家庭的社會關係

　　成為單親常由於個人的悲傷沮喪而產生社會退縮或忽略個人和家庭的社交活動，使家庭變得非常孤立封閉。開放的家庭系統有助於家庭情緒和資源的循環，對建構健康的家庭為重要條件（Bowen & Christensen, 1986）。因此，單親家庭更應該保持與親戚、朋友、同事、鄰居、教友等人的來往，不只可以調節家庭氣氛和家人情緒，也可以維持社會支持網絡。

六、運用宗教的力量

　　宗教普遍倡導有來世和寬恕，對於悲傷的家庭可以提供滿足與死者繼續有某種形式互動的願望，並常可借宗教教義減少內疚和獲得寬恕，有利舒緩因死亡或離婚帶來對己對他的憤怒。悲憤常為一體之兩面，減少憤怒也可以減少悲傷。

七、善用社會資源

　　單親的家庭無論在人力資源或經濟方面比較容易處於不利狀態。就前述低社經階層的單親在恢復上較不理想，原因之一為資源短缺。目前有各種公私立機構均從事社會福利或輔導工作，如各縣市政府的社會科、家庭教育服務中心、家庭扶助中

心、宗教團體、慈善基金會等均爲可資運用的社會資源,增加資源運用對於家庭的重建較爲有利。

　　成爲單親家庭是一個家庭團體蛻變的歷程,家人必須共同面對,攜手並進,而不是依靠單親或家中任何單一成員努力可蹴。在調適的過程尤其以心理悲傷歷程的調適爲核心,不要因爲一人離去而使家庭功能和關係崩裂。單親的家庭也可以功能正常,提供家人健康成長和發展的環境,而這項重建任務必須由每個家庭成員共同承擔和努力。當然,從一個團體的觀點領導者是團體的靈魂人物。所以,單親父母的自我調適也就成了第一要務。

陸、單親父母的自我調適

一、保持父子或母子關係

　　當成爲單親,第一個問題是自己是否得身兼父職或身兼母職?其實無需刻意要一人身兼父母二職,只需以親長對子女的關係相處即可。男女完全分工的時代已逐漸消失,現代的家庭常常是夫妻合作的形式,女人內外兼顧,男人也不避育兒家務

的工作。所以成爲單親之後並不需刻意讓自己有一人兼二職的想法，可以減少自己對於角色拿捏的壓力。單親也可以領導一個家庭，甚至可以很稱職，只要善用親權，而不是父權或母權，善用親職管教技術，而不是區分這原來都是父親或母親管教的課題，便可以有效管教孩子。

二、處理教養任務

　　孩子的悲傷恢復工作與單親父母對子女教養方式有密切關係。單親家庭孩子成長的最大危機是，悲傷的單親對於孩子的情緒性和工具性資源的需求無法給予支援。悲傷的單親可能自顧不暇的要保持自己情緒的穩定，而悲傷的孩子在情緒的需求又最可能引發單親心理功能的過度負荷感。因此，儘可能善用可資運用的周邊成人分擔或協助照顧孩子的工作。在經濟許可的範圍可以找兼職或全職管家或褓姆；經濟有困難者多請親戚協助，尤其在成爲單親，自己的原生家庭將是最重要的資源之一。在這種情況，由他人分擔一些照料孩子的工作，亦勿需感到內疚，或自責無力獨自照顧孩子。

三、處理個人悲傷

　　單親身爲家庭的核心人物，個人悲傷心理歷程的復元攸關

子女悲傷心理的復元。因此，單親需重視自己的悲傷處理，而
不是去耽心若體驗失落的傷痛會使自己崩潰。不願面對失落的
現實，不容許自己體驗傷痛，對孩子的教養可能有不合理的要
求、不正確的投射或曲解孩子的需求。所以，單親應透過家人、
朋友或專業輔導人員的協助，積極處理個人的悲傷。

四、維持個人自尊

　　死亡或離婚會使個人感到生活失控、失去自我認同、失去
原來目標、無法感受個人成就，以致於自尊下降。保持自尊或
再建構個人自尊十分必要。一般人最難以接受自己是鰥夫或寡
婦的自我認同。的確，「鰥夫」、「寡婦」都是社會標籤。因
此，可以鼓勵單親去認同自己是「單親」，再度成為沒有婚姻
伴侶的人，以及自己其他擁有的角色，勿須以「鰥夫」、「寡
婦」名稱自視。此外，要多肯定自己的優點和長處，欣賞自己
的成就，愛惜自己，照顧自己的需要。

五、改變負向想法為正向想法

　　Glasser（1984）認為改變想法是改變的基礎，要改變自己
在個人腦子裡的圖像。例如「我不可能再婚，孩子長大離家後
我會孤單過餘生」，宜改變為「我有再婚的選擇，即使不再婚，

將來我可以保持與孩子的家庭有親密關係」；「一般人會瞧不
起單親家庭」，改變爲「一般人不了解單親家庭」。積極而正
向的想法可以帶動積極正向的行動。

六、建立新的自我認同

　　當一個人結了婚，便不免要探討個人與配偶的關係，界定
關係也界定了自我認同和目標。當離婚或死亡發生，與配偶關
係終結，勢必需要再次的自我探討和界定自己與死者的關係或
與離婚配偶的關係，以便找尋新的自我認同，這是一個活出自
己的歷程。

柒、協助孩子走出悲傷和繼續成長

　　失去父母，孩子常常感到最無力，也最需要成人的協助。
單親的父母若能協助孩子面對失落、哀傷失落、因應失落，通
常孩子走過正常的悲傷歷程，將蛻變的更成熟和更有能力；反
之，迴避現實和壓抑情緒只有導致高冒險行爲和各種心理症狀，
並且帶著未完了的悲傷去成長（Dilworth & Hildreth, 1997; Fisher
& Feldman, 1998）。因此，在發生死亡或離婚時，單親的父母

在第一年宜特別注意並協助孩子。以下爲可以協助孩子的重點：

一、對孩子的悲傷表示關心和了解

如前所述孩子對於父親或母親的死亡或離去可能沒有哭泣或情感反應，而以別的行爲來表達失落的悲傷，尤其憂鬱或憤怒是孩子比較常見的悲傷情緒。只有當單親的父母願意表示對孩子心情的關心和了解，孩子才願意或有勇氣表達自己的悲傷。

二、願意和孩子分享心情

有些悲傷的單親一方面壓抑自己的悲傷，一方面對孩子發洩情緒，常使孩子感到困惑和不知所措，而孩子也因此學會壓抑。當單親的父母願意和孩子分享心情，孩子不只能了解單親的心情，也能從成人的示範學習適當表達心情的技巧，有助於孩子悲傷情緒的抒發。

三、鼓勵孩子說出心情

這是允許孩子悲傷的方法。孩子可能耽心自己的父親或母親悲傷而壓抑自己，也可能害怕成人的指責，或由於成人從未給予孩子時間傾聽孩子內心的話而壓抑情緒。所以，單親宜直接鼓勵孩子說出心情，並傾聽其心聲。將心情說給一位傾聽和

了解的成人聽，最有助於孩子紓洩情緒。

四、與年幼的子女玩遊戲

年紀較小的子女由於語言技巧的限制，只有使用語言與其直接溝通無助於協助子女處理悲傷，因為孩子既聽不懂語言，也不了解意義。然而，孩子有很好的想像力，可以透過重複的遊戲活動去探索死亡和失落，並學習如何因應內心的失落感，而因失落帶來的焦慮也在幻想的遊戲行動中獲得表達和紓洩。

五、鼓勵孩子維持正常的活動

兒童和青少年均需透過與同儕的遊戲或活動進行各種成長和發展必要的經驗和學習。失親的孩子可能要留在家陪單親父母，或因較多的家務分擔以致減少這些必要的經驗，也減少與同儕社交。家長宜鼓勵孩子保持與同儕接觸，參與同儕活動。一則有利其情緒調適，二則有利其發展成長。

六、與學校合作協助孩子

學校是孩子另一個重要的活動場所，孩子在學校的適應也反映其悲傷恢復歷程。教師根據在課堂和課間的觀察，可以了解學生的需求和適應情形，可以協助督導其學習，鼓勵其保持

與同儕互動，並維持課堂學習行為。而家長在家庭的作功課時間和休閒的管理與督導則較老師為方便。在成為單親家庭的過程，也必須注意孩子的課業及學校適應，因此家長和學校教師的分工可以增進協助效果。萬一孩子有偏差行為出現，也可以及時發現給予協助。

捌、結語

失偶和失親都是人生重大失落，通常個人會產生很深刻的悲傷反應。因此，必須容許自己有一段時間去調適和復元。由於每個家庭成員關係的差異和個人特質的不同，往往家人有不同的復元進度，應容許這些差異的存在。而成長中的孩子，因為年齡不同，表達悲傷的方式也有別，家長必須去了解孩子表達悲傷的行為，才能有效給予協助。配偶是家庭中重要的核心角色，少了父親或母親，對家庭團體而言為一個重大打擊，重建的工作必須每個家人都能參與、相互扶持。而身為家庭團體的領導者，單親父母本身的悲傷影響對孩子的教養至鉅，也影響代間情緒循環。因此，單親的家長在照顧家庭的時候，也要愛惜自己、照顧自己，處理自己失落的悲傷便成為當務之急。

由雙親的完整家庭轉變成為單親的家庭是多重轉換的工作，必要時候應尋求外在資源和專業的協助。單親的家庭也可以有效調適，走過轉換歷程，通常單親及單親家庭的孩子會更成熟、更有能力。

參考書目

吳秀碧（民75）：正確認識與協助單親家庭的兒童。**輔導月刊**，
　　23(1)，40～43 頁。

Amato, P.R. (1991). Parental absence during childhood and depress-
　　ion in later life. *The Sociological Quarterly, 32*(4), 543-556.

Atwood, J.D. & Genovese, F. (1993). *Counseling Single Parents.*
　　American Counseling Association.

Bowen, J.H. & Christensen, D.N. (1986). *Family Therapy: Theory
　　and Practice.* Pacific Grove, CA: Brookes/Cole.

Bowen, M. (1978). *Family Therapy in Clinical Practice.* NY: Aron-
　　son.

Bowlby, J. (1980). *Attachment and Loss.* NY: Basic Books.

Despelder, L.A. & Strickland, A.L. (1992). *The Last Dance: Encoun-
　　tering Death and Dying* (3rd ed.). Mayfield Publishing Com-
　　pany.

Dilworth, J.L. & Hildreth, G.J. (1997). Long-term unresolved grief:
　　Applying Bowlby's variants to adult survivors of early parental

death. *OMEGA*, *36*(2), 147-159.

Fisher, L. & Feldman, S.S. (1998). Familial antecedents of young adult health risk behavior: A longitudinal study. *Journal of Family Psychology*, *12*(1), 60-80.

Glasser, W. (1984). *Control Theory.* NY: Harper and Row.

Hoffman, L. (1981). *Foundations of Family Therapy.* NY: Basic Books.

Keeney, B.P. (1983). *Aesthetics of Change.* NY: Guiford Press.

Lindemann, E. (1994). Symptomatology and management of acute grief. *American Journal of Psychiatry*, *151*(6), 155-160.

Murphy, P. (1991). Parental divorce in childhood and loneliness in young adults. *OMEGA*, *23*(1), 25-35.

Parkes, C.M. (1972). *Bereavement: Studies of Grief in Adult Life.* NY: International Universities.

Parkes, C.M. (1975). Determinants of the outcome following bereavement. *OMEGA*, *6*, 303 323.

Raphael, B. (1983). *The Anatomy of Bereavement.* NY: Basic Books.

Rosen, H. (1991). Child and adolescent bereavement. *Child and Adolescent Social Work*, *8*(1), 5-16.

Rosenblatt, P.C. & Karis, T.A. (1994). Family distancing following a fatal farm accident. *OMEGA, 28*(3), 183-200.

Sekaer, C. (1987). Toward a definition of "childhood mourning". *American Journal of Psychotherapy, 41*, 201-219.

Seligman, M.E.P. (1973). *Helplessness: On Depression, Development, and Death.* San Francisco: Freeman.

Shapiro, E.R. (1994). *Grief As a Family Process: A Developmental Approach to Clinical Practice.* NY: The Guilford Press.

Terr, L. (1990). *Too Scared to Cry.* NY: Harper & Row.

Worden, J.W. (1991). *Grief Counseling and Grief Therapy.* Springer Publisher Company, Inc.

Worden, J.W. & Silverman, P.R. (1993). Grief and depression, in newly widowed parents with school-age children. *OMEGA, 27*(3), 251-261.

Worden, J.W. & Silverman, P.R. (1996). Parental death and the adjustment of school-age children. *OMEGA, 32*(2), 91-102.

Zall, D.S. (1994). The Long-term effects of childhood bereavement: Impact on roles as mothers. *OMEGA, 29*(3), 219-230.

＝第三章＝

單親家庭的
人際與休閒問題

陳慶福　著

壹、前言

　　兩年前因個人的興趣，筆者曾和學校同事進行單、雙親兒童適應方面的研究，總共調查了十六所國小以及約千名單、雙親兒童，並訪談了五十幾個單、雙親兒童的家庭，印象最深刻的是八十六年六月下旬某天下午所進行的兩個偏遠海邊單親家庭的訪談。雖然先前已透過任職當地國小的友人和家長聯繫，心中卻仍忐忑不安，由於適逢大雨，尋找訪談家庭的住處就比平日困難。筆者在找尋當天第一位單親家庭詢問附近人家時，附近人家問筆者有何事要找此戶單親家庭，一、二位鄰居說：「……怪不得，他們是不正常的家庭，孩子的媽和女孩住在一起，很少和鄰居打交道，孩子的媽和幾位男人有過交往……」當我見到孩子的媽和女孩時，覺得孩子的媽滿和善，孩子也長得很清秀，孩子的媽告訴我這個暑假孩子已從國小畢業，下星期她就要帶孩子回北部家鄉唸國中了，在我訪談這位婦女時，小女孩都乖巧的站在一旁，孩子的媽要小女孩拿飲料給我喝，訪問小女孩的母親告個段落，我詢問小女孩平時和同學相處的如何？她回答：「很好，有時我去找同學玩，有時她們來找我

玩。」

　　訪談了第一個單親家庭，筆者詢問鄰近一家雜貨舖第二個所要訪談的家庭，經營雜貨舖的婦女看了一下我拿給她的地址和姓名，問了一下她女兒，兩人研究一會兒然後告訴我，我要找的小女孩以前叫○○○，而不是現在這個名字，她們認識這女孩，我依她們的指示很快找到背山面海的小女孩和目前照顧她的阿公、阿媽。小女孩的阿公、阿媽話不多，阿媽說話較阿公多，二老告訴我：「孩子的媽和孩子的爸在孩子生下來一個多月就因個性不合而離婚，孩子的爸為了工作四處奔波，經常換工作，賺的錢不多，平均一個月回來一次⋯⋯。」小女孩的阿媽告訴我，她是：「ㄑㄧㄝ ㄇㄟˋ ㄖㄨˋ」（閩南語發音，意指不識字）。

　　小女孩和阿媽的生活並不好過，小女孩的阿公告訴我：「年紀大了，身體狀況不好，經常吃藥，只能過一天算一天⋯⋯。」在談話告一段落，我問小女孩如果我問她對她母親的觀感會不會太為難她，她回答：「不會，我很小就知道我沒有媽媽，雖然有時會覺得沒有媽媽很遺憾，但已經習慣了⋯⋯。」當我和小女孩交談時，來了位和小女孩穿著一樣校服的小男孩，小女孩告訴我，小男生是班上的同學，也是她最要好的朋友。說著說著小女孩問她阿公、阿媽她可不可以騎門前那輛新的腳

踏車和同學出去，阿公、阿媽說可以，並要小女孩騎車小心一點，小女孩和小男孩跟我和阿公、阿媽說再見後騎車相載，很快就消失了。後來筆者詢問小女孩阿公、阿媽有關家庭經濟和孩子的功課一些事，傍晚五點多訪談完畢，告別二老，開著車子望著左側絢爛夕陽和兩側綠樹時，突然發現小男孩載著小女孩迎面而來，筆者從車窗跟他們揮手，他們只顧著交談嘻笑，並沒留意到筆者在和他們打招呼。

　　由於返回筆者住處尚有兩個小時的路途，所以筆者順道拜訪了協助此次訪談的朋友，他告訴我一些他所知道有關我所訪談單親家庭和小孩的事，他也告訴我他所服務的學校是教育優先區，單親比率很高，但今年六年級畢業中受獎的十位學生中就有六位是來自單親家庭。

　　由於社會變遷，工商業社會取代了傳統的農業社會，台灣當前的家庭結構也隨之改變。除了數十年前的大家庭逐漸轉變成核心家庭外，也因為未婚生育、父母離婚、父母一方去世或分居等因素，而造成單親家庭數量與比率逐漸增加。在過去，單親家庭主要是因配偶一方去世所造成，但近年來造成單親家庭的主要原因則為離婚（張清富等人，民 84；劉永元，民77），其次才為喪偶。根據內政部統計處（民 86）台閩地區人

口統計之出生死亡遷徙人數及結婚離婚數對數調查報告指出，從民國六十一年到八十六年間結婚人口數及結婚率呈不規則上升或下降，除七十九年外，每年離婚人口與比率都呈直線上升趨勢，另依江金貴等人（民 77）對台北市、台北縣和台中市各一所小學的調查發現，單親兒童的比率為全體學生的 5.8 ％，各年級的出現率稍有差異，分別為：一年級 4.9 ％；二年級 5.5 ％；三年級 5.7 ％；四年級 5.8 ％；五年級 6.1 ％；六年級 6.5 ％，年級愈高，單親兒童也愈多。楊妙芬（民 84）調查高雄縣、市與屏東縣、市六十二所國小，發現單親兒童達學生人數 10%以上的有十八校。此外，陳慶福、鍾寶珠（民 87）調查屏東縣偏遠地區的一所小學，單親兒童則佔全校學生人數的 34 ％。

　　以上的調查數據顯示，單親家庭已是社會不容忽視的現象，離婚為目前造成單親家庭的重要原因。夫妻離婚原因有很多，如價值觀差距過大、婚外情、溝通不良、經濟因素、婚姻暴力、酗酒、吸毒、賭博、教育水準……。綜合國內外的研究發現，單親家庭最大的壓力之一就是經濟的問題，這方面女性單親家長要比男性感受尤其強烈；除了經濟的問題，工作、休閒、人際關係、子女教養、再婚、健康等問題也是單親家庭常感棘手的問題。限於篇幅，本文主要就單親家庭的人際問題與休閒問題作探討。

貳、單親家庭的人際問題

　　早期的家庭生活經驗對兒童身心、人際關係和人格的發展與成長具相當重要的地位，在探討單親家庭的人際關係上，筆者將這個主題區分為(1)單親家長與子女的互動關係，(2)單親家長和親戚、朋友的關係，以及(3)單親兒童和同學、師長的關係三方面來加以探討。

一、單親家長與子女的互動關係

　　過去不少研究指出，和母親同住一起的單親兒童，其人際關係、行為表現、學業表現和生活適應傾向要較與父親同住或隔代教養之單親兒童表現為佳。造成如此的結果以及影響親子互動的因素又為何？這其中的一個理由以國外學者 Bowlby 等人所提的「依附關係」（attachment）理論加以解釋。依附關係是指個人與依附對象間的情感連結，此情感連結具有獨特持續性和永久性，嬰、幼兒主要的依附對象通常是母親，母親經常是嬰、幼兒的主要照顧者、關愛者與教養者，嬰、幼兒的依附關係將延續到兒童、青少年，影響到其母親家人和兩性及友伴、

師長的關係。

　　根據心理學家 Erikson 的觀點，個人一生的發展將經歷八個
階段契機，其中從嬰、幼兒到兒童過程中，個人將經歷：信任
相對於不信任、自主相對於害羞、勤勉相對於自卑之階段，在
兒童人際關係與身心的發展上，父母的教導扮演了重要的角色。

　　除了上述兩個理論說明單親家長對孩子之態度影響親子互
動外，我們也可從單親父母單親的原因（如未婚媽媽、婚前懷
孕）或離婚對不同年齡子女的影響，單親家長是否具有溫暖、
接納、支持、關心、尊重子女的人格特性，單親家長所具備親
子溝通之技巧，單親家長採用何種管教方式（如權威、民主、
放任方式），以及單親子女對父母的付出是否有正向的回應，
單親兒童本身的個性及其在校之各方面表現等也都會影響到親
子互動的內涵和品質。

二、單親家長和親戚、朋友的關係

　　過去有關單親家庭方面的研究，大多著重於單親母親，或
單親母親與其子女互動、生活層面，較少針對單親父親作探討。
單親的原因、單親父母的個性、單親家長工作性質、單親家長
本身和其與原先家庭父母、手足、親友關係將直接或間接影響
到單親家長和其子女在單親後和原先親戚、朋友的關係，另外

有些學者則引用 Kubler-Ross 悲傷過程的(1)否認與隔離，(2)憤怒，(3)討價還價，(4)沮喪，(5)接納與重組等五個階段來解釋離婚和夫妻一方過世後，另一方單親家長的心理變化，在不同的階段，單親家長和親友的關係變化則不盡相同。

　　某些研究指出：有宗教信仰之單親家長較無宗教信仰者可獲得較多宗教友伴和親友的情緒支持，無論是離婚或喪偶的男性單親，其自信心和自我尊重、異性交友關係與工作適應都優於單親女性家長，但在情緒適應上男性往往比女性寂寞。根據林萬億、秦文力（民81）的研究發現，單親家長主要來往的對象是父母、朋友和同事，經濟、子女管教問題優先求助於自己父母，個人心理情緒、法律、社會關係與就業問題優先求助於朋友；由此可看出單親家長對自己親人和朋友依賴甚深。

三、單親兒童和同學、師長的關係

　　根據張清富等人（民84）對四百七十七位單親兒童所進行的調查發現，在單親後，單親兒童覺得和同學交往沒有改變的最多，其次是不知道，覺得與同學更親近者多於疏遠者；在單親兒童覺得委屈時，最常傾訴的對象依次為：(1)父母，(2)同學，(3)兄弟姊妹，(4)不知道，(5)其他，(6)祖父母，(7)老師。

　　在國內外有不少研究報告指出：單親兒童比一般雙親兒童

有較多的人際關係和行為方面的困擾（Cherlin, 1981; Hetherington, Cox, & Cox, 1978；劉永元，民77； 黃德祥，民70；陳慶福、鐘寶珠，民87；楊妙芬，民84；謝麗紅，民79）；另外單親男童較單親女童具攻擊行為與破壞性，此可能係因單親男童在單親的生活中經驗到較多的壓力及挫折，或女童較習慣以壓抑的方式處理單親的事件。

　　筆者在過去曾與一位諮商員共同帶領一個單親家長成長團體，在帶領團體的過程中發現在七位參加團體的家長中，有二位家長經常提到自己的子女在學校中常與同學發生鬥毆情事，或破壞公物及鄰居農作物、打破人家的玻璃，這些事讓他們頭痛萬分，在團體進行過程中一位單親父親還常接到在家裡的孩子的電話，確定父親目前的行蹤，單親母親在團體中較常提及的則是女兒在校很退縮，和同學的互動很少，人際關係狹隘，她很擔心女兒會封閉、孤僻，除此之外，無論單親父親或母親都談到，當他們結交異性朋友時，孩子常表現不高興或反對的態度，甚至給對方難堪。

　　筆者幾年教學生涯中曾請教一些國中、小教師，他們的態度是，其實許多的單親孩子在校適應得很好，反而是一些雙親兒童因疏於管教，或父母管教不一致，或對子女期望過高、管教過嚴造成孩子問題，某些單親兒童在寫作文時還故意編出一

些家庭和樂、父母帶他們去郊遊或吃館子的事情，老師爲維護孩子自尊也就裝不知道，這些孩子後來有不少人唸了不錯的高中和大學。

參、單親家庭的休閒問題

　　休閒看來似乎是一個簡單的概念，但對於休閒的概念和認知則難一致，一般學者皆認爲休閒是工作（職業）以外，個人依其興趣、時間、經驗，所從事不同型式的活動。休閒活動具有放鬆心情、穩定情緒、促進人際互動、鍛練體魄、增廣見聞、增進知識、技術、拓展個人創造力、得到樂趣等功能。

　　民國七十八年行政院主計處重要施政統計指出，國人休閒活動安排以看電視或錄影帶爲主，其次依序是在家中和家人聊天、拜會親友、和鄰居聊天、進修、研究及做功課、閱讀報章雜誌、購物、看電影、聽音樂及其他娛樂、運動健身、參觀、旅遊，可見十年前國人休閒的安排偏重於傳統人情交際及家人團聚，約佔休閒時間的三分之一，對於文化或戶外休閒活動則較少。筆者這幾年觀察國人休閒的內容方式，改變最大的可能是國人對休閒的逐漸重視，國內外親子旅遊的比率大增，特別

是政府在八十七年實施隔週休二日後；另外以目前和十年前作比較可明顯發現，自從視窗九五、九八上市後，大人、小孩上網的人次逐年大增，大人、小孩打電動者人數亦眾；流行時尚（如電子寵物、玩軌道車、養寵物）亦佔了許多人的休閒時間；在另一方面亦有不少大人、小孩利用休閒時開始學習新知或技術（如學電腦、語文、才藝），利用休閒時間進修者亦眾。

一、單親家長的休閒問題

根據張清富等人（民84）對四百七十七位單親家長調查顯示，有三百九十四位家長未曾參加社會活動，在參加社會活動單親家長中，女性單親爲五十六人，男性爲二十七人。單親家長參加社會活動以宗教活動最多，其他依次爲：課程訓練、義工、運動球隊、跳舞、郊遊、聽演講等，在參加社會活動中高都市化地區高於中都市化及低都市化地區。

筆者根據幾年來從事家庭扶助中心工作，帶領單親家長成長團體，訪談單親家長，以及平日對周遭世界的觀察，統整個人對單親家庭從事休閒活動的心得如下：

1.單親家長大多爲生活而奔波，特別是經濟有困難的家長，所以相較於雙親雙薪家庭，單親家長所從事戶外休閒的活動時間和次數較少，某些單親家長則以逃避家庭縱容自己的方式從

事喝酒、打牌、找朋友喝茶聊天,而忽略自己子女的休閒或親子休閒活動。

　　*2.*在假日時雙親家長較單親家長花較多的時間與子女一起從事旅遊、郊遊、烤肉、逛街、逛百貨公司、到外面吃館子和拜訪親友活動,造成單、雙親家庭在休閒型態不一樣,主要來自單親家長往往需花更多心力時間去工作以養家活口,在身心疲累和經濟壓力下多從事看電視、在家從事休息的靜態休閒。

　　*3.*對隔代教養的祖父母而言,典型的休閒方式是看電視、收聽廣播(以鄉下較多)、和鄰居親人聊天等較單純的休閒方式。

　　*4.*當詢問單、雙親家長有關親子休閒活動時,單親家長較常回答本身也很想和子女從事休閒活動,但經濟壓力實在太大等,他們工作穩定下來賺了錢就會帶孩子各地旅遊,或買最好的東西給孩子;雙親家長則反映在平時假日就常帶全家去爬山、郊遊、烤肉、逛百貨公司或到外面吃館子,平時也固定給孩子零用錢,讓他們去做他們想做的事,換言之,單親家長對親子活動安排和計畫常使用「未來式」,雙親家庭較常使用「現在式」。

二、單親子女的休閒問題

　　如同雙親兒童，單親兒童在放學後和假日閒暇時除了用許
多時間來看電視、看漫畫或玩電玩外，最喜歡也最常和同班同
學或鄰近年齡相仿的兒童從事球類及各類型的活動，小朋友所
從事的活動有時是在家裡或住家附近空地、社區或校園各個角
落進行。某些零用錢較多的兒童則常跑去打電玩或逛一些超商
購買自己喜歡的卡匣、食物或玩具等，一些孩子則因父母忙碌
無暇照顧，在閒暇時大多在外獨自或和朋友到處閒逛，甚至養
成逃家或偷竊的習慣。

　　筆者過去作單親家庭訪問時，曾有位就讀國小四年級的小
女生告訴筆者，在假日她經常要充當父親工作的幫手，所以有
時假日也沒什麼休閒，她很羨慕其他的小朋友有自己的時間去
打球、遊戲、做自己喜歡做的事，另外有些小朋友也抱怨說在
假日時，父母不是去工作就是在家睡覺，或和鄰居泡茶聊天聊
個老半天，若在假日父母外出或去工作就規定他（她）們得待
在家裡不准亂跑，所以寫完功課不是獨自一個人在家看電視就
是打電話給同學聊天，若是小孩子由祖父母或外祖父母照顧，
孩子外出的機會更少。筆者訪談屏東鄉下國小五、六年級的單
親兒童，有不少是從來沒有看過電影，也未曾有人帶他（她）

們去過高雄或更遠的地方。

　　以上的情況說明了單親兒童休閒的需求往往不能滿足，其休閒的品質比較起雙親兒童往往較低，這主要是受到父母工作性質、父母所擁有的時間、父母對孩子休閒參與的情形以及經濟等因素之影響。簡而言之，兒童休閒的方式、品質與滿意度深受其「父母」或「祖父母」或主要照顧者因素之影響。

　　近年來國小五、六年級普遍實施電腦課程，許多小朋友對上網聊天（BBS）、電子信件（E-mail）活動或玩「電腦遊戲」非常感興趣，一玩就玩上半天，利用網路查詢資料反而較少，限於經濟因素，目前家庭購買電腦設備仍以都市中的雙親家庭較多，對於位居偏遠或收入不豐的單親家庭，要購置一台電腦和其周邊設備仍是奢侈品，能教導與訓練小朋友運用電腦處理資料與蒐集、查詢資料，讓電腦發揮其功能未嘗不是件好事，但不少家庭購置了電腦之後就任由孩子上網，玩電腦已迅速成為孩子的主要休閒活動，從此孩子不再唸課外書、不從事其他休閒活動，只和電腦互動，不再和其他小朋友互動，玩電腦對小朋友是不受其利反受其害，這是家長不可不慎者。

肆、增進單親家庭人際適應之策略

　　假如我們有機會到小學或幼稚園去觀察小朋友間的互動，我們就可以發現一些人際欠佳為同伴拒絕的小朋友，一個人可憐的在旁觀看其他小朋友的活動，或者他們想加入團體但其他小朋友不歡迎他，某些小朋友為了引起友伴的注意而做出大喊、大叫或破壞物品、捉弄他人等行為，結果更造成小朋友或師長的排斥，也造成小朋友本身的挫折、孤單無助或憤怒的感受。許多的研究指出，個人的人際適應影響到個人生活廣泛的層面，如情緒穩定、行為困擾、自我概念、學業表現、工作表現、婚姻關係、親子關係等，因此協助家長和兒童學習與增進有效的人際互動與溝通技巧是值得重視的。以下計對(1)增進單親家長的人際適應，(2)協助單親兒童的人際適應，與(3)提昇親子互動品質三方面提出若干建議與作法以供參考。

一、增進單親家長的人際適應

(一)學會自我接納與停止責備

　　對於來自不同因素造成單親家庭的事實，不同的單親家庭

往往需花不同的時間去調適，對於喪失配偶的單親家長；其內心的哀傷是可理解的，而來自親友的關心和協助，往往可降低單親家長的情緒低潮，也較容易恢復過去的生活步調，因此對喪偶的單親家長而言，主動尋求親友的協助和繼續維繫和親友的關係和互動是必要的。對於因家庭暴力或因配偶一方外遇、因價值觀差距過大等因素而離婚者，其在往後人際調適上，往往得花更長的時間。筆者個人的淺見是無論是因何原因造成單親，單親家庭首先要做的調適即是學習去接納自己，先安頓好自己及家庭，盡快恢復正常的生活步調。在做法上可嘗試去評估自己某些負向自我挫敗的想法，這些造成個人人際及行為困擾的想法如：「單親是件非常糟糕的事，我無法忍受也無法接受」，「別人一定都在歧視單親家庭，他們都在笑我」，「我的前途一片暗淡，我以後的日子一定悲慘無比」，「為了怕別人傷害我，我儘可能不要和別人互動，為了保護自己，我要封閉起自己」，「我忌妒別人有完整的家庭，我痛恨上天對我不公平」……。這樣的想法是可理解的，但對已是單親的家長又有何幫助，上述自我挫敗的想法，除不利於個人情緒與人際互動外，對自己的子女亦有負面的影響，由於個人固著於某些想法信念上，所以自己及子女都很可能不快樂，且有可能會助長自己及子女的無助感，這是單親家長不可不慎者。

(二)走出憂傷重建人際脈絡

　　一旦單親父母親接受單親的事實，減少婚姻及生活負面的思考，單親父母親便會發現自己有較多的時間和心力去從事積極正向的思考，有較多的時間從事子女的教養，和從事有益的人際活動。在重建人際脈絡的問題上，與自己原先的親友重新和維持連繫是重要的，因為他們往往最了解單親家長的狀況，及自然的付出關心和照顧。除此之外，慢慢走出家庭參加社會或工作場所的一些非正式活動聚會和社團，往往可以認識一些新朋友，若單親家長行有餘力不妨從事不太費時的義工活動，藉由個人的付出和行動，你將發現自己其實滿有用的，參加義工活動也可認識不同背景的伙伴，透過義工活動與相互交談，除可轉移本身憂愁外，亦可拓展自己的人際網路，一旦人與人的連結令個人滿意，個人生活的滿意度也將提昇，這對個人身心也會有正向的影響。

(三)增進人際關係的技巧

　　許多的書籍和研究反覆指出有效促進人際關係及獲取友誼的做法，這些方法和技巧包括：微笑、主動關心別人、記住別人的姓名特徵、讓別人覺得他很重要、站在他人立場去體會對方的感受、常稱讚別人、具備愉悅的人格特質（尊重、接納他人、真誠、樂於助人、開放的胸襟……），如何開啟話題及持

續交談，另外給予他人正向的回饋也很重要，古云：「投之以桃，報之以李」就是在講正向回饋的重要，假如別人對你有熱切正向行為表現，你卻冷淡回應，這就會讓別人感受到「寒天飲冰水」，他人不但往後很難對你有正向行為表現，下次碰到你往往不是「逃之夭夭」就是對你「敬鬼神而遠之」。因此我們對別人善意的言行舉止，可以一聲「謝謝」，以感謝的微笑或其他型式來表示感謝，或表示你對對方的觀點是同意的，這會讓對方下次更樂於和你打交道。

(四)培養正確的人際知覺

正確的人際知覺指的是對自己和他人有正確的看法和認知，不讓偏見或情境等因素影響到人際的互動。為了提昇個人擁有正確人際知覺，我們對人對事宜採取延遲的判斷，多花一點時間去了解一個人及行為動機，從不同角度來看一件事，就事論事，以及勿以過去的眼光看一個人，減少壓力情境影響到我們對事情的判斷，多和他人交換意見及觀察心得，常自我分析及反省本身和他人的人際互動表現等都是很重要的，正確人際知覺有助於我們的客觀性，以適切的行為去和他人交往互動。

(五)勿受激烈言詞影響及避免苛責他人

每個人都有自尊，都喜歡聽到別人對自己的讚許，沒有一個人樂於受到他人的責難，每個人都具備主觀的優勢，大多看

重自己以及認為自己的想法和行為是好的、是對的。在我們與他人互動時難免會聽到對方在向我們抱怨或責怪某人的情況，對方的不滿我們可以理解，但我們並不需要去附和跟著他們一起指責他人，因為如果第三者知道我們對他們不滿，他們會對我們反感，影響彼此的關係，若我們指責他人，事後內心也會不安。

二、協助單親兒童的人際適應

　　不少研究指出親子關係與兒童人際關係或社會技巧關係密切，即親子關係愈佳者，其子女之人際關係與社交技巧表現亦愈佳。除了個性遺傳的因素，兒童的人際關係技巧受到父母教導、教師教導，以及兒童和同學、友伴互動等因素影響，在協助單親兒童人際適應的作法上，父母除可以在平日教導子女做到以身作則讓孩子「觀察學習」外，亦可以下列方式協助孩子並增進人際關係：

　　1.運用親子懇談時間，以遊戲、閱讀分享、相互說故事、分享上班、上學趣聞、腦力激盪、問題解決各方式了解孩子在校和師長同儕人際互動情形，協助孩子處理人際困擾。

　　2.利用學校親子座談或平時家庭聯絡簿及電話、信函方式與孩子導師聯繫，討論孩子人際問題，如孩子有人際適應困難，

則可進一步請導師運用個別晤談、班級活動，或請學校輔導室運用個別晤談、團體輔導或遊戲治療方式協助孩子。

3.利用社區資源，某些家長可能不願讓孩子被學校標記，所以往往不願意請求學校的協助，在這樣的情況下，家長可考慮尋求社區的輔導諮商機構，這些免費的社區資源單位如各地區宗教團體、各縣市家庭教育服務中心、較大都市的婦幼館、各師範院校的學生輔導中心（或兒童諮商中心）、輔導教育系所、孩子就讀國小的輔導室或家長義工團體，一些需付少許費用機構如大醫院的兒童門診等。

4.塑造有利於發展人際互動的環境，在作法上可從塑造一個溫暖、安全、溫馨的家庭環境做起，也可鼓勵兒童參與其他小朋友的活動，邀請孩子的朋友到家裡來進行一些互動和創造自己的活動或遊戲，這活動和遊戲的方式有許多，如各類型球類、體能活動、電腦、積木、一起逛書店、百貨公司……，父母從觀察孩子和友伴團體的活動中可了解自己孩子的人際互動情況與孩子所具備的人際互動能力技巧，作為輔導孩子人際技巧的依據，另一方面孩子從和友伴團體的互動中亦可觀摩學習良好的人際互動技巧。

三、提昇親子互動品質

在提昇親子互動品質上，筆者提出以下建議：

(一)留意「聽」與「說」

單親家長平日工作辛勞，又兼代父或母職於一身，在管教子女往往較雙親家庭不易，因此在提昇親子互動品質應特別講求方法、技巧。傳統親子溝通方式是以大人為主體，所以大人和小孩的溝通方式往往流於大人說，或大人告誡、訓話，小孩子聽的模式。近年來許多的專家都是建議若要親子溝通順暢，則大人要減少說話（特別是說教），放下身段學習去當孩子的朋友，學習去聆聽孩子的話語，以及孩子話語背後所傳達的訊息，並對孩子所表達的事情表示關心及有興趣，如此往後小孩子就較樂於跟父母主動溝通。

(二)多鼓勵及給予適當期許

父母是大人，相對的子女是小孩，大人身心較成熟，小孩子天真有潛能及具可塑性，有許多地方需要學習，過去一些「愛之深、責之切」，「棍棒出孝子」等傳統父母威嚴管教方式在近年來受到很多的挑戰和質疑，怎麼樣教的不太累及有好效果是許多父母都希望的，父母在平時多給孩子一些鼓勵和給予適當的期許是應當的，父母經常的指責和超高的期許則往往帶給

孩子很大的挫折和壓力，因此管教有效的第一步是要以愛和關心為前提，並配合言教、身教、境教和制教來實施，這邊的境教指的是家庭環境教育，而制教指的就是和孩子間約定的事項，以及孩子該遵守一些常規等，在這方面家長可針對孩子良好的行為表現給予口頭和實質的讚許或增強，或以訂立契約的方式言明孩子該遵守或幫忙家務事項或主動完成功課事宜，父母亦可採取逐步增強方式訓練孩子學習良好及適當行為，並對孩子不當行為採取規勸、消弱或薄施懲罰。

(三)以創意及富變化的方式進行親子溝通

如親子以相互說故事、故事接龍、分享學習及工作心得、以信函表達心事、相互討論網路資訊、分享閱讀或看影片心得、共同進行完成一件作品，或一起包水餃、全家郊遊、爬山、一起打掃房子、一起到圖書館或文化中心找資料、一起從事戶外活動等各種方式來進行親子溝通，如此非傳統方式的互動和溝通往往較大人說小孩子聽的方式效果好。

(四)參加親子成長營

在各地文化中心或天主教、基督教、佛教團體或心理衛生中心常在寒、暑假或例假日舉行親子成長營等類似活動，這類型的活動多已經過精心設計及由有經驗或專業人員帶領而且行之有年，一般參加親子成長營活動的父母或孩子都感覺參加此

活動很有收穫，一些社會的機構如「YMCA」或「張老師」也
辦類似的活動，效果不錯只是要花一些費用，單親家庭如不排
斥可主動聯繫這些機構以了解進一步訊息。除此之外，各地文
化中心、社區、學校也常舉辦免費親子溝通主題之演講座談，
家長和孩子可依個人時間興趣選擇參加，若要達到有效親子溝
通，父母在進行親子互動前亦應考慮親子彼此個性、溝通主題、
時間、時機、地點、溝通方式等問題，上述的問題往往需要一
段時間的揣摩和經過親子共同討論決定，只要父母有心並不斷
嘗試改進，親子溝通的品質當可不斷提昇。

伍、單親家庭的休閒規畫

　　如同先前所言，對休閒的重視已是現代社會的一大趨勢，
對社會休閒品質的要求也愈來愈高，特別是政府機構在八十七
年起實施隔週休二日制，許多的私人公司機構也紛紛跟進，相
對的，有關休閒相關主題的探討也益形普遍，以下就休閒規畫
需考慮要素作一說明：

一、釐清休閒的目的

儘管每個人從事休閒的目的都包括放鬆情緒和享受休閒的樂趣，但對休閒方式的選擇則有相當大的差異，因此在從事休閒活動前我們首先得去想想除了放鬆情緒和能享受休閒的樂趣外，我們要達到其他哪些休閒的目的效果，如增進知識、技術，促進人際關係，鍛鍊體魄，或是親子互動。

二、考慮人、事、時、地、物、方式和費用等問題

這幾個因素用英文字來說明，就是 Who、When、Where、What、How 和 How much 的問題。休閒是家長參與、子女參與或親子共同參與？時間是週末半天或一整天，是假日或是週休二日或是寒、暑假或春假、連假三至五天的活動？是動態或靜態？地點是在家、郊外、公園、美術館、百貨公司、電影院或山邊、海邊或出國旅遊？需要怎樣的交通工具，腳踏車、機車、轎車或搭乘公車、台汽、火車、船或飛機？或結合其中的幾種休閒的方式？需要花費多少？需要攜帶什麼用品、器具隨行？

三、蒐集旅遊相關資訊

根據休閒目的以及對人、事、時、地、物、方式和費用考

量，家長和孩子就可一起商量或分頭從報紙、旅遊雜誌、旅行
社、電腦上，或請教親友等方式逐一蒐集所需資料，考慮主、
客觀條件並進行必要的分析和排列休閒的順序。

四、實施休閒活動以及評估休閒之效益

　　當實際從事休閒活動後，父母和子女可針對自己或親子共
同參與的休閒活動作一效益評估，及對休閒前所考慮要素及休
閒心得感想作一檢討及分享，作為往後規劃休閒活動之參考，
以下圖示說明休閒規劃的流程：

釐清休閒目的
考慮人、事、時、地、物、方式、費用因素
蒐集旅遊相關資訊
參考、比較並決定休閒方式
評估及檢討休閒效益

圖 3-1　休閒規劃流程圖

陸、結語

愈來愈多人認為要在目前或未來的生活或事業上成功，需具備四個條件：(1)專業的知識或技術；(2)良好的人際關係；(3)洞悉未來世界之脈動與變化以及投入；(4)對生活因應的能力。

上述的說法我們可從教育部八十三年新課程標準的公布實施規劃中於九十學年度實施的九年一貫課程，及最近教育部提出著重國小兒童基本能力的培養和教育，八十七年政府以追加預算六十四億元方式來添購電腦，希望每一國中、國小學童上電腦課都能每人有一台電腦，以及近年來政府及民間的教改內容可看出時代的趨勢。

我們常說兒童是國家未來的主人翁，以及要給兒童一個快樂的童年，但八十七年十一月台灣省的一份調查報告卻顯示有相當比例的兒童是不快樂的，他們的不快樂主要來自家庭、學校課業或和同學的相處等。家庭是孩子所接觸的第一個社會，家庭氣氛和親子互動影響孩子深遠，因此家長如何在工作及生活中做好自我調適，以及在親子間培養建立良好的互動關係，協助孩子擁有良好的人際關係，並善用休閒活動，以達到親子

共享愉快親情，紓解生活中的壓力及共同學習成長是重要的課
題。

參考文獻

方慧民、吳英璋（民 76）：離婚因素、親子關係及學童之適
　　應。**中華心理衛生學刊**，3 卷，1 期，149～167 頁。

江金貴、高宏煙、劉勝年、陳國田、許利楨（民 77）：單親家
　　庭兒童的調查與輔導。**輔導月刊**，24 卷，10、11 期，
　　36～40 頁。

高俊雄（民85）：休閒概念面面觀。**國立體育學院論叢**，6 卷，
　　1 期，69～78 頁。

張清富、薛承泰、曹雅鈴、陳敏雪（民 84）：**單親家庭現況及
　　其因應對策之探討**。行政院研考會編印。

黃德祥（民 71）：**父母離婚兒童之自我概念、焦慮反應、學業
　　成就及團體諮商效果之研究**。國立台灣師範大學輔導研究
　　碩士論文。

陳慶福、鍾寶珠（民 87）：單親與雙親兒童在自我觀念、行為
　　困擾與學業表現之研究。**國民教育研究**，2 期，1～36 頁。
　　國立屏東師範學院。

楊妙芬（民 84）：單親兒童非理性信念、父母管教態度、自我

觀念與人際關係之研究。**國立屏東師範學院學報**，8 期，

　　79～87 頁。

葉公鼎（民 80）：運動、休閒與經濟學、**國立體育學院論叢**，

　　1 卷，3 期，95～104 頁。

劉永元（民 77）：**單親兒童之人際關係、自我概念與行爲困擾**

　　之研究。國立高雄師範學院教育研究所碩士論文。

劉照金（民 81）：休閒教育之探討。**國立體育學院論叢**，2 卷，

　　2 期，1～11 頁。

謝麗紅（民 79）：**多重模式團體諮商對父母離異兒童家庭關係**

　　信念、自我觀念及行爲困擾輔導效果之研究。國立彰化師

　　範大學輔導研究所碩士論文。

簡茂發、蔡玉瑟、張鎭成（民 79）：國小單親兒童與雙親兒童

　　生活適應之研究比較。**測驗年刊**，40 期，271～290 頁。

Cherlin,V.I. (1990). Relationship between size of broken and intact

　　families and academic achievement. *Journal of Social Psychol-*

　　ogy, 131(1), 125-127.

Hetherington, E.M., Cox, M., & Cox, R. (1979). Play and social in-

　　teraction in children. *Journal of Social Issues, 35*(4), 26-47.

＝第四章＝

學校應如何協助單親兒童

蕭文　著

壹、前言

　　近年來，單親家庭與單親兒童／青少年在全體人口結構的比率上，有持續上升的現象，而由單親所引發的社會問題也普遍受到社會的關切。新聞媒體常以「又是單親兒童惹的禍」為標題，來強調單親兒童／青少年犯罪的必然性；根據楊瑞珠（民87）針對高危險群青少年指標的研究，發現單親家庭也的確是青少年偏差行為形成的溫床。許多研究相信單親家庭的不完整性較諸原生家庭（intact family）更易造成兒童在人格、情緒、人際與行為、認知、學業等方面有較多的不適應，因此相關的研究多從單親家庭的親職教育、溝通與互動，乃至針對單親家庭提供社會福利措施上必要的協助（翁毓秀，民84）。這些研究的基本假定是「只要源頭獲得控制，下游的問題自然減少」，事實上，這種論點是根本忽略了單親兒童的復原能力（resilience），單親兒童在家庭中所遭遇的困擾，往往會在學校對比的情境中產生發酵作用，而使問題更不易解決。因此，除了針對單親家庭提供必要的協助外，學校應如何配合協助單親兒童所形成的困擾，則更有其重要性。在下面的論述中，本文將先

從學校輔導工作理念的轉變與建構談起，再進一步了解單親兒
童輔導在學校輔導的現況，最後，則分別從行政和實務的角度
提供策略與方法上的參考。

貳、學校輔導工作的趨勢與轉型

　　在過去的一個世紀裡，輔導與諮商不斷的從回應社會、政
治、經濟與科技的發展而調整並充實其內涵，從前半個世紀的
強調職業輔導，四〇年代以來對人文精神的重視，五〇年代的
強調如何提供個人成長的機會，到六〇年代的注重人在發展中
的危機與處理，乃至於七〇年代的強調人與環境的媒合，截至
八〇年代爲止，輔導與諮商在可以預測與控制的環境裡，依循
過去發展的軌跡提供並滿足社會的需求，然自七〇年代以來，
社會經濟與科技的發展所引發的諸多現象與問題，帶給社會一
個新的思考，在面對愈來愈多的社會問題時，例如家庭暴力、
兒童虐待、藥物濫用、家庭解組，乃至於愈來愈多的社會暴力、
少年犯罪、自殺、貧窮、精神疾病等，輔導與諮商必須重新考
慮它的角色與功能（Herr, 1989），心理衛生諮商的被提出即是
輔導與諮商回應社會變遷的具體概念，從過去被動的滿足個人

的需求與解決個人的問題和危機，到主動的協助個人因應環境
壓力以預防問題發生的概念，即成為從八〇年代以來輔導與諮
商的哲學概念。在這種情況下，學校輔導也必須相對的做調整
（Keys, Bemak, & Lockhart, 1998）。

　　在 Herr（1989）所撰寫的 *Counseling in a Dynamic Society:
Opportunities and Challenges* 一書中，提到學校輔導所面臨的危
機時特別強調，學校輔導不能將輔導界定為輔導室的工作，學
生的問題已不能單純的被視為個人問題，在處理學生問題時，
焦點應放在如何增進個人的抗壓能力，在多變的環境中，如何
協助個人從預防（prevention）的角度及增進個人的能力（com-
petence）著手，學會與環境做最佳的調適，因此輔導工作所能
提供的教育功能便顯得格外重要；更重要的是傳統的輔導方法
也應作相當的調整，除了強調時效的掌握外，如何滿足個案立
即性的解決問題也成為輔導方法上的重要考慮（引自 Herr, 1989,
ch.6，pp.253-316）。

　　Herr（1989）的觀點與 Keys 等人（1998）針對高危險群青
少年所提出的學校輔導改革計畫不謀而合。Keys 等人認為學校
輔導工作的模式應具有下列六個特色（Keys et al., 1998, pp.
382-383）：

　　*1.*學校輔導的功能不能以侷限於眼前所出現的問題為主，

相對的所提供的諮商服務也必須擴及到非諮商的領域裡。

　　2.學校輔導工作應將焦點放在如何增進個人有效的生活技能（life skills）。

　　3.學校輔導的設計應是多元的，包括班級教學、協助個人計畫、諮詢、諮商與轉介服務。依此而言，從系統的角度（systems-based），將學校、家庭、社區甚至同儕結合爲一個整體的支持系統，有助於學生獲得最好的支援。

　　4.學校輔導應從廣義的社區概念中重新界定角色與功能，在廣義的社區概念中，學校輔導應加強與社區機構的聯繫，並藉以提供教育的功能。

　　5.學校輔導應從建構學生的因應能力著手，而不是被動的滿足學生的需求（needs）。

　　6.學校諮商（school counseling）的概念應取代學校輔導（school guidance），以便更能凸顯其專業化和所扮演的諮詢角色。

　　由上觀之，Keys 等人的觀點提供學校輔導工作一個新的藍圖。首先應把學校輔導工作從整體的（comprehensive）和系統的（systematic）角度來看，這一點與教育部最近所提出的「教、訓、輔三合一方案」的構想相同，換言之，凡是與學生生活、學習與發展有關的任何人，包括教師、學校行政人員、

輔導人員、父母、社區相關機構都應納入整個的學校輔導網絡
中，以便相互支援提供最佳的服務；其次，從健康心理學的觀
點，無論是強調增進個人的免疫力，或是強調建構一個人有效
的因應能力，成為學校輔導工作的重點，有關短期諮商的被提
倡、復原力（resilience）的被強調（Parr, Montgomery, & De-
Bell, 1998），便是回應這樣的一個事實；再者，學校輔導不應
侷限於諮商與心理治療的層面上，教育與預防的角色更有助於
解決個人在發展過程中所面臨的危機（Baker, 1992），因此，
社區資源機構的介入與加強班級輔導的概念乃更被強調；最後，
學校輔導人員應從提供諮詢與合作協調的角度發揮其專業精神。
凡此種種，都說明了學校輔導工作的最終目的是主動迎接挑戰，
結合全面的資源，建構健康的環境以利學生的成長與學習。

參、單親兒童輔導的迷思（myth）與困難

　　如前所述，在眾多的單親研究裡，焦點多置於單親和親子
間的互動；相對的，學校在面對單親兒童的輔導計畫上，似乎
顯得不是那麼積極，儘管學校教師與輔導人員也了解到這群單
親兒童需要協助，然而一談到如何協助單親兒童時，許多問題

便一一浮現，結果導致單親兒童的輔導計畫難以推動。下面分別從學校／教師、單親父母、單親兒童的觀點來看單親兒童輔導的困難與迷思。

一、學校／教師的觀點

以目前學校學生的背景生態而言，來自正常家庭（norm family）的學生仍佔多數，學校在制定學校的教育政策時，也幾乎是以正常學生為主要對象，因此，包括單親兒童在內的其他學生，很容易在概括的教育政策下被忽視。更何況單親兒童的問題不是在學校內產生的，「別人的家務事，難道我們要介入嗎？」這個觀點恐怕是目前學校在面對單親兒童時首先會提出的困惑，換言之，如何界定單親兒童輔導的範圍與方式，恐怕是目前推動單親兒童輔導工作時的重要前提。

其次，對許多教師而言，特別是中等學校的教師，他們往往把自己在學校的角色界定在專業知識的傳授，以便學生在面臨升學考試時能有較好的成績，雖然許多教師其實也了解學生的個人問題會影響學習水準，但在整體教學的考量下，教師對單親學生的關注也只能隨意了。

再者，部分教師之所以拒絕參與單親兒童的輔導是因為一則缺乏有關單親家庭的知識；二則可能由於個人的某些問題而

對單親兒童採取拒斥的態度；三則可能根本沒有時間與機會去輔導單親兒童；此外，可能是因為不願把自己牽扯在別人的家庭事件中，因而對單親兒童採取中立的態度。

　　Cox 和 Desforges（1987）在談到學校推動單親兒童輔導的困難時，把上述的理由歸因於學校當局和教師「眼光短淺、過度防衛、缺乏擔當，甚至恐懼難纏的單親父母和複雜的單親兒童問題」。Cox 和 Desforges 的說法其實與事實有相當接近之處。

二、 單親家長的觀點

　　學校在針對單親兒童所提供的輔導策略中，無可避免的會將家長包括其中，以便共同協助單親兒童渡過困難的適應期，然而若干單親父母對自己的問題和來自學校的「麻煩」，卻寧願選擇拒絕配合，結果使得無法從「整體」的角度提供單親兒童最佳的協助。學校輔導人員在面對單親父母時，最常接觸到下列各種來自單親父母的不合理信念：

　　1.學校是提供教育的場所，沒有必要也不需要分擔家庭的問題。

　　2.家裡發生的事情是私事，單親父母沒有義務向教師公開。

　　3.有些單親父母害怕或不知道如何將家裡發生的事情告知

教師，因為那將是一件非常丟臉和讓自己感到沒有自尊的事。

4.單親父母寧可相信自己來處理孩子的問題，他們害怕學校知道了以後會將孩子標籤化，造成他人對孩子的刻板印象。

5.有些單親父母之所以拒絕合作，是希望孩子在學校不會因為單親的身份獲得特殊的關切與照顧，他們希望自己的孩子能跟其他的孩子一樣，在學校裡接受「正常」的教育。

綜合上述單親父母的觀點，不難發現單親父母並不了解單親家庭對孩子可能帶來的影響，他們害怕一旦告知教師或參與單親兒童的輔導活動時，別人會以異樣的眼光看待他們，更何況單親父母，特別是因為離婚而造成的單親家庭，本身便缺乏溝通能力。因此，如何在規劃學校單親兒童的輔導計畫時，能考慮上述五點單親父母所投射出的不合理信念，使之能配合學校的輔導措施，亦是十分重要的事。

三、單親兒童的觀點

對許多單親兒童而言，「覺得被遺棄、害怕同儕恥笑與拒絕、自覺罪惡、認為沒有人會喜歡我了、認為我是一個沒有用的人⋯⋯等」（Jupp & Purcell, 1992），這些自我概念常不時出現並影響單親兒童與周圍環境的互動，因此，在面對自己的單親家庭與教師和同學時，往往缺乏適當的因應技巧，結果有的

單親兒童選擇了社會退縮，有的陷自己於幻想中，有的用攻擊的方式發洩心中的莫名焦慮，還有一部分單親兒童從不把自己家裡的事告訴老師與同學，就當家庭沒有發生變故一樣。

　　依此而言，單親兒童的自我認知和因此而衍生的行為與情緒，在許多情況下不能用常理來推論，有些教師會抱怨他已經相當關心班上的某個單親兒童，卻換來冷漠的回應，或是依然我行我素，這也許是事實，然而真正的問題是單親兒童之所以會如此，根本上是身不由己的結果，因此在輔導單親兒童的過程中，也就不能只以一般的個案輔導來看待了！

肆、學校行政能為單親兒童做些什麼？

　　隨著單親兒童的比率在各學校有日漸增加的趨勢，學校自然不能置身度外或僅以小規模、不具連貫性的、非全面性的角度提供輔導的介入；相對的學校應從政策的制定，組織並動員教師，結合社區資源，提供諮商與輔導，務期從全面的角度協助單親兒童渡過危機，以下分別敘述之：

一、政策的制定

　　針對單親兒童的輔導，學校應有明確的方向與內涵，以便教師能有所依循。

　　下面有幾點意見提供參考：

(一)成立整合性的輔導諮詢小組

　　單親兒童的問題不是兒童的個人問題，學校應成立以「學校－家庭－社區」共同組成的輔導諮詢小組，提供必要的服務。包括：

　　1.鑑定學校、家庭與社區間的共同需求。

　　2.列述單親兒童輔導的共同目標。

　　3.在學校、家庭與社區間規劃一理想的合作計畫，以便有效協助單親兒童獲致最好的資源。

　　4.針對單親兒童、教師、父母提出一個適當的教育計畫，例如單親兒童的成長團體，教師輔導知能的研習，以及針對單親父母提供親職教育座談等。

　　5.建立適當的轉介網絡。

(二)建立初級、二級和補救措施的輔導管道

　　學校和家長對單親兒童的誤解與迷思（如前述）是造成單親兒童輔導不能有效的主因。從初級預防的觀點，建立一個涵

蓋全體學生、教師和家長的心理衛生教育計畫，有目的且階段性的將單親兒童甚至擴展到其他困擾的兒童，在學校、家庭、生活、人際、情緒諸方面所可能出現的問題作一廣泛性的介紹，有助於大家認識單親的問題。其次從二級預防的角度責成輔導室，針對目前正經驗長期適應不良的單親兒童提供諮商與輔導的協助。此外，針對補救的輔導措施，學校應積極主動介入目前正經驗著家庭危機的兒童，或是協調社區資源機構與人士，提供立即性的危機輔導，以便兒童能安然渡過家庭風暴的危機。

二、組織教師，成立認輔小組

　　單親兒童所面臨的危機不僅在於失去完整的家庭，原來家庭所能提供的功能亦可能相對消失。單親父母除忙於工作外，亦可能自己也處於情緒低潮中而無暇給予單親兒童應有的社會支持、注意和關心，使得單親兒童會因此出現自責、罪惡、焦慮、防衛、脾氣暴躁等情緒現象，進而學業退步、人際欠佳、攻擊他人等行為一一出現。因此，單親兒童在遭遇家庭的劇變後，最需要的就是情緒與情感的滿足與依賴，以彌補失去的空間。依此而言，學校在行政的安排上，應有「認輔教師」的組織，由具有愛心與耐心的教師，協助單親兒童渡過危險期。

三、有效建立單親兒童記錄、檔案

　　為了能有效協助單親兒童，有關單親兒童目前的家庭狀況，單親家長／監護人姓名、經濟收入、成為單親兒童前的學業與行為表現、之後的行為問題如何等，都應有明確詳實的資料記錄，以便做適當的應用。

四、提供諮商與輔導的服務與相關知能訓練

　　許多單親兒童會在親子關係、情緒適應、人際行為與自我概念等方面出現困擾，為了幫助單親兒童持續正常的發展，諮商與輔導的提供乃有其必要性。在學校裡首先接觸到單親兒童的往往是導師或科任教師，其次才是輔導人員和認輔教師，多數教師其實對諮商與輔導的方法並不熟悉，結果在輔導的過程中說了太多「很重要」的話，反而使單親個案反感而拒絕被關心。因此，學校應提供教師相關輔導知能的研習，應用適當的技巧，在獲得單親個案的認同後，輔導才可能繼續發展。

伍、單親兒童團體輔導方案——以父母離婚的兒童爲例

　　單親家庭形成的原因有多種，粗略可包括：離婚、分居、配偶死亡、失蹤、未婚生子等，事實上，不同背景與家庭結構的單親子女，其所形成的問題也不盡相同。因此，在下列所提出的實例，係以佔單親家庭比率較高的離婚家庭作爲學校輔導參考的依據。

　　儘管單親兒童的問題可能因爲單親的家庭結構、兒童在父母離婚時的年齡、父母離婚前的兒童適應狀態、離婚後的社會支持，以及離婚後單親父母的人際問題等而有不同影響（Jupp & Purcell, 1992），但基本上，上述的問題可簡單歸納爲：(1)單親兒童的情感與情緒的問題，(2)單親兒童的認知問題，(3)單親兒童的憤怒與相關行爲（例如攻擊或退縮）等三方面。因此，針對離婚而造成的單親兒童，經由團體輔導方案的實施所欲達成的目標可以包括：

　　1.減低父母離婚對單親兒童所產生的不適應感覺（feelings）。

*2.*減少單親兒童因父母離婚對其所造成的認知失調與混亂的感覺。

*3.*提供單親兒童一個共同學習與分享痛苦的環境。

*4.*教導單親兒童生活因應的技巧與能力。

*5.*幫助單親兒童分擔父母關心的問題。

在設計單親兒童的團體輔導方案時，Jupp 和 Purcell（1992），Kalter、Picker 和 Lesowitz（1984），Pedro-Carroll 和 Cowen（1985）以及郭美滿（民 84）等人的研究或方案設計，在方法上除了第一次為建立關係外，其餘有下列之共同點：

*1.*受試者均為小學五年級和六年級之單親兒童。

*2.*團體輔導之時間／次數為十次左右（郭美滿設計為十四次）。

*3.*採用角色扮演或由參與者討論父母爭吵時，離婚前後的感覺（feelings）和情緒反應。

*4.*由參與者分享參與者在父母離婚前後他們如何看待自己／別人是如何看待他們的？對於這些不同的看法又是如何處理的？

*5.*採用角色扮演協助參與者處理憤怒／衝動行為之控制。

*6.*成員間相互分享與經驗支持。

除了上述之共同點之外，Kalter等人提到可試著把單親父母的異性交往放入團體中，由參與之單親兒童以幻想（fantacy）

的方式表達他們的感受與因應之道；郭美滿也特別提到在團體中成員學習分享單親父母的煩惱，以便家庭中能形成一股新的動力。

　　從以上共同的與差異的單親兒童團體輔導方案設計中，隱約有一個值得大家去思考的問題，那就是不論是以上所引用的文獻或其他相關的文獻，在方法設計的思考邏輯上較偏向以現有的單親家庭環境中給兒童帶來的各種衝擊與影響來設計活動，這種觀點與 mental health counseling 的主張不同，mental health counseling 的論點認為，如果在諮商過程中能以正向、積極的角度看待自己的問題，而不是從挫折中找出因應之道，會使個案在問題解決上有前瞻性的思考出現。基於這樣的觀點，學校輔導在設計單親兒童輔導方案時，可在團體活動中加入如下的方法，例如：

　　*1.*我（單親兒童）有什麼優良特質，它曾幫我解決了什麼因單親而產生的困擾嗎？

　　*2.*我有什麼成功的經驗，它幫我解決了什麼問題？

　　*3.*我希望我將會是一個怎麼樣的人，那麼在現有的單親環境中，我可以做什麼努力達成目標？

　　*4.*如果有人發現我變得比較快樂了，那是因為我做了什麼事或是我有什麼改變？

5.我現在可以做哪一件事，而這件事至少可以幫助我解決任何一件我所關切的事？決定了之後，我要怎麼開始踏出第一步？

上述的建議正是 mental health counseling 的精髓，是從積極、健康的角度，重新建構成功的經驗。學校輔導在協助單親兒童時，不論是團體輔導、個別諮商，甚至其他的方法如班級輔導，皆可應用這些概念。

陸、結語

傳統上，單親家庭的兒童易受刻板化印象的影響而被視為「有問題」或「壞」的孩子，這種論點與許多單親兒童的研究係以少年犯罪的樣本有關，而且學校與社會對單親家庭的態度亦多以「不正常」的態度視之。因此，不論學校如何協助單親兒童，前述的「假定」便成為成功輔導的障礙。如果學校在協助單親兒童的過程中，把單親家庭視為一個新的存在實體，從單親家庭其實也可以是一個健康的家庭著手設計協助方案，則單親兒童的問題便不能視為從單親家庭中衍生出來的結果了。

參考書目

翁毓秀（民 84）：單親家庭問題與處理策略。**社區發展季刊，**69，158～169 頁。

楊瑞珠（民 87）：偏差行為之初期癥候與輔導。**諮商輔導論文集：青少年諮商實務＆中美輔導專業之發展趨勢。**高雄師大輔研所。

郭美滿（民 84）：一個離婚家庭學童的團體輔導活動方案介紹。**學生輔導，**36，70～77 頁。

Baker, S.B. (1992). *School Counseling for the Twenty-First Century*. NY: Macmillan Publishing Company.

Cox, K.M. & Desforges, M. (1987). *Divorce and the School*. NY: Methuen, Inc.

Herr, E.L. (1989). *Counseling in a Dynamic Society: Opportunities and Challenges*. VA: American Association for Counseling and Development.

Jupp, J.J. & Purcell, I.P. (1992). A school-based group programme to uncover and change the problematic beliefs of children from divorced families. *School Psychology International*, *13*(1), 17-29.

Kalter, N., PicKer. J., & Lesowitz, M. (1984). School-based developmental facilitation groups for children of divorce: A preventive intervention. *American Journal of Orthopsychiatry*, *54*, 613-623.

Keys, S.G., Bemak, F., & Lockhart, E.J. (1998). Transforming school counseling to serve the mental health needs of at-risk youth. *Journal of Counseling Development*, *76*, 381-388.

Parr, G.D., Montgomery, M., & DeBell, C. (1998). Flow theory as a model for enhancing student resilience. *Professional School Counseling*, *1*(5), 26-31.

Pedro-Carroll, J.L. & Cowen, E.L. (1985). The children of divorce intervention program: An investigation of the efficacy of a school-based prevention program. *Journal of Counsulting and Clinical Psychology*, *53*, 603-611.

= 第五章 =

單親兒童的
生活適應與輔導

楊瑞珠／林秀娟／李玉卿　著

壹、單親家庭之成因與類型

　　單親家庭在現今的家庭形態中已有愈來愈多的趨勢，在這裡我們先對單親家庭下個定義。何謂單親家庭？亦即由父母之任一方，獨自一人擔負照顧自己以及照顧孩子的責任。故從定義中我們發現，單親家庭的形成主因有：(1)父母任一方死亡；(2)父母離婚；(3)父母分居（separation）；(4)父母任一方遭遺棄（desertion）；(5)兒童由單一養父或養母收養；(6)未婚媽媽所生養之兒童；(7)父母任一方服刑中。在這些成因中，早期單親家庭多因配偶死亡或遺棄造成，五〇年代以後，離婚造成單親家庭的比例超過死亡，七〇年代，不婚女性獨立生育孩子成為單親家庭的新趨勢，以下就針對上述的成因做一些探討。

一、死亡造成的單親家庭

　　死亡，在我國傳統社會中是一件神秘、詭譎、不祥的事，大人常常用各種方法和說辭，讓孩子避免去接觸到死亡的真相，甚至在學校教育中，更少去觸及到死亡的層面，可見得死亡引發的驚恐、傷痛是每個人都不願面對之事，兒童並不像大人們

所認知的那樣完全無知，一般來說，兒童意識到父母逝世是一件殘酷事實後，有一段時間會造成自我的失落感，產生失意、難過、憂愁，這種感覺表現於外在的行為是震驚、發怒、憂鬱等，Parkes（1970）曾提出四個不同的哀悼時期：第一個是失落後的一段麻木時期，以暫時逃避失落的事實；第二個是渴念期，希望失去的父母能夠再回來，否認失落是永恆的事實，並帶著許多憤怒的情緒；第三則是解組與絕望時期，此時兒童很難發揮正常的生活功能；第四則是重組時期，兒童逐漸接受父母死亡的事實，開始恢復正常的生活。父母死亡是兒童階段所面臨最嚴重的壓力事件，不過父母死亡不若父母離婚，會因為父母親長期爭戰，而對兒童心理與情緒發展產生持續的干擾，父母死亡雖也給兒童帶來適應上的困難，但其影響的期限通常較父母離婚為短。

　　因死亡造成的單親家庭裡，重建家庭是其主要任務，Gladding（1995）在其家庭治療裡曾提出其發展、任務與結果如表5-1。

表 5-1　　死亡單親家庭的發展、任務與結果

階段	任務	結果
哀悼	情緒淨化	結束過去關係
重新調整	學習責任	履行重要責任
再生與實現（不一定會達到）	個人和家庭的發展	獲得新技巧和興趣

（資料來源：Gladding, 1995, p.253）

二、離婚造成的單親家庭

隨著時代的進步，社會的繁榮，人際關係隨之而改變，兩性所引起的問題也日趨複雜。「離婚」這問題，在今日來說，是一個不能避免也不容忽視的社會問題。單就美國而言，七〇年代初期，大約三對夫婦中就有一對會離婚，到了七〇年代末期，離婚率則提高為二比一；在台灣，離婚率亦有顯著增加的趨勢，尤其是在大台北地區，曾有人開玩笑說，坐公車緊急刹車時撞到的人也許就是一位離過婚的人。面對如此多的離婚人口，我們不禁想探討，造成離婚家庭的原因有哪些？從社會層面來說：(1)二次大戰後，社會結構改變，外遇機會增多；(2)社會流動促成風氣開放，離婚漸為人們所接受；(3)女性角色的改變使兩性角色需重新適應，並帶來婚姻的新風貌；(4)道德及宗

教的約束力減弱。從個人層面來說：(1)個體心理成熟度不夠，造成彼此容忍度很低，容易意見不合而爭吵；(2)雙方對婚姻抱持錯誤或過多的期待；(3)不良嗜好，個性不合，溝通不良；(4)婚姻暴力，虐待。從關係層面來說：(1)男女兩性對婚姻角色的不適應；(2)雙方均覺得付出多於回饋；(3)性生活不和諧。

　　父母離婚導致家庭結構極大的改變，Prooen 和 White（1984）以圖 5-1 來說明離婚家庭結構體系上的改變情形。典型的核心家庭，是由夫婦二人與其子女所組成，故在核心家庭中有三個主要的次級系統（subsystems）：(1)夫妻次級系統；(2)親子次級系統；(3)手足次級系統。對離婚家庭而言，這三個次級系統是離婚之前存有的次級系統，這三個次級系統會相互影響。

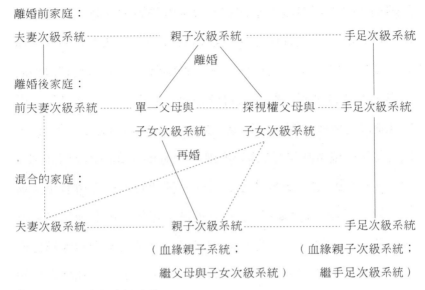

離婚前家庭：

夫妻次級系統 ⋯⋯⋯⋯ 親子次級系統 ⋯⋯⋯⋯ 手足次級系統

離婚

離婚後家庭：

前夫妻次級系統 ⋯⋯ 單一父母與 ⋯⋯⋯ 探視權父母與 ⋯⋯ 手足次級系統

子女次級系統　　子女次級系統

再婚

混合的家庭：

夫妻次級系統 ⋯⋯⋯⋯ 親子次級系統 ⋯⋯⋯⋯ 手足次級系統

（血緣親子系統；　　　　（血緣親子次級系統；

繼父母與子女次級系統）　　繼手足次級系統）

虛線＝相互影響的次級系統

實線＝產生新的次級系統

（資料來源：Poppen, W.A. & White, P.N. (1984). Transition to blended family. *Elementary School Guidance and Counseling, 19,* 50-61）

圖 5-1　離婚家庭的家庭結構改變

　　父母離婚對兒童來說是件傷心事，它不僅是家庭不快樂與緊張的開始，而且是一份完整感情的大變動，是一種家庭危機。一般而言，兒童對父母離婚的反應會呈現階段性的差異，Hozman 及 Hroiland 將父母離婚的兒童與青少年的反應分為下列五

個階段：(1)否認階段：當知道父母要離婚的消息時，兒童通常會加以否認，會試圖排斥父母離婚的事實，並把否認擴展為孤立。(2)憤怒階段：當父母離婚無法挽回時，兒童開始有激烈的反應，他們會試圖攻擊與父母離婚有關的人。(3)協議階段：處於此階段之兒童試圖挽回父母，保證自己會表現得比以前更好，以圖父母破鏡重圓和好如初，他們甚至會提出條件與父母談判。(4)沮喪階段：當協議無法使父母回心轉意時，兒童會有沮喪反應，對自己過去行為的不當感到遺憾，相信自己命運不好。(5)接受階段：此階段兒童已意識到父母所給予之安全與保障已經幻滅，開始專心思考與父母的關係，或接納繼父母和他人的親密關係，作必要的深思與調適，以建立更合實際的期望，表現積極的行為，故此階段是適應的一個契機，可能從此一蹶不振，或就此雨過天青（方慧民，民 74 ）。

　　因離婚造成的單親，無論是否有監護權，與前夫／妻及孩子的互動及關係的經營是離婚者需面臨的課題。重建經濟來源、重新發展社會支持網絡、重整對自我的信心及對他人的信任是主要適應任務，離婚家庭階段發展如表 5-2。

表 5-2　離婚單親家庭的發展階段和必要的態度

階段	轉變的情緒過程 必要的態度	發展主題
離婚前 *1.*決定離婚	能接受無法成功的處理婚姻之緊張局勢以繼續關係的事實	接受失敗婚姻中自己的部分
*2.*計畫家庭系統的終止	支持對系統中的每部分可實行的安排	(1)合作處理監護權、探兒權、財產 (2)處理大家庭的分離
3.分居	(1)樂意繼續父母關係及分擔孩子的經濟 (2)處理對配偶的依附	(1)失去完整家庭的悲傷 (2)再建構婚姻與親子關係和經濟，適應分開 (3)重組親戚關係，和前夫／妻之親戚保持聯繫
4.離婚	更多情感分離的處理：渡過傷心、生氣、罪惡	(1)失去完整家庭的悲傷 (2)除了婚姻，恢復希望、夢 (3)保持與親戚的聯繫
離婚後 *1.*單親父母 （有監護權）	樂意維持經濟責任，維持和前夫／妻的父母親關係，支持孩子和前夫／妻的接觸	(1)對前夫／妻探望孩子之事做彈性安排 (2)重建經濟資源 (3)重建自己的社會網絡
*2.*單親父母 （無監護權）	維持和前夫／妻的父母親關係，支持前夫／妻和子女關係	(1)找出和孩子維持良好親子關係的方法 (2)保持對前夫／妻和子女的經濟責任 (3)重建自己的經濟責任

（資料來源：Gladding, 1995, p.252）

三、分居造成的單親家庭

　　分居的單親家庭，基本上可以分成兩種：一種是父母感情不睦所造成，另一種是工作上的需要。兩種狀況對兒童的情緒影響不同，雖都是由父母任一方獨自撫養，但感情不睦的單親家庭兒童，有較多的情緒困擾和不安，也會有較多的不良行為出現，這可能與想讓父母的注意力集中在他的身上有關。此種分居單親家庭的兒童反應與離婚的單親家庭兒童的反應，在前半段有若干相同之處，如否認、憤怒、協議、沮喪、接受等，但程度上會有所不同，且接受階段的心情和想法，較趨向消極，而此種單親家庭的發展任務與離婚單親家庭也有所雷同。若是因工作需要而成的單親家庭兒童，較能體諒父母的辛勞，故意的問題行為較少出現。

四、遺棄造成的單親家庭

　　遺棄單親家庭的形成是指父母任一方，沒有留下任何訊息而脫離原有的家庭。此種單親家庭的兒童，亦會遭遇到如感情不睦的分居單親家庭般的情緒狀態，對家中的不完整，有著不解的疑惑和不安，對缺少的家中成員，會有較深的憤怒和好奇，兒童會對家中的不完整怪罪自己，此時單親家庭的任務和發展，

應該是重建受傷的心理,加強自我的信心和積極的看待未來。

五、領養、未婚造成的單親家庭

　　愈來愈多人決定一人獨自負起家庭的責任(尤其是女性),這種現象來自於美國社會中種族、社會及經濟的分歧。簡單來說,有人懷疑這是母系社會下因襲的傳統;再者目前社會價值觀的變遷,人們較能接受不同形態的家庭組合,女性自主意識抬頭,愈來愈多高學歷、良好職業及高收入的女性,因為不願意接受婚姻的束縛而決定不婚生子;但在未婚單親家庭中也包含了因強暴而懷孕生子的案例,在此種單親家庭中的兒童,除了不受祝福而生的小孩外,大都適應良好,也較能接受自己單親的事實,其情緒狀態和適應與正常家庭的小孩,並沒有顯著的差異,其發展任務是讓兒童了解自己的家庭為何與別人的家庭不同,且導向更積極的一面。有計畫、意圖所造成的單親,其獨特性在於單親有時間準備迎接孩子的到來,此種單親家庭的發展、任務與結果如表 5-3。

表 5-3　有計畫、意圖的單親家庭發展、任務、結果

階段	任務	結果
計畫	爲孩子的出生做準備	整理資源 心理期望的改變
達成目標	創造親子關係	身體和情緒的關係
調整及完成	解決情境中及發展上的需要	個人和家庭的成長

（資料來源：Gladding, 1995, p.254）

六、服刑造成的單親家庭

　　父母任一方觸犯了法律，遭制裁服刑，因而造成單親家庭的出現。此類單親家庭的兒童會有很深的情緒困擾和內心的道德譴責，對服刑的父母，會有埋怨和憤怒的情緒，對人際關係也會有深深的恐懼和不安，深怕別人知道自己的父母坐牢，而遭異樣的眼光和批評。此時的發展任務是，加強對家庭的向心力，對自己的肯定和擴展自己的人際關係，用更健康更理性的態度去看待服刑的父母。

貳、離婚與失親對孩子的影響

　　離婚與失親對孩子來說都是一種危機，Murphy（1961）認為危機是指超過個人正常能力所能處理的事件。父母離婚或死亡所以被看成是恐懼或失落的威脅，或是一種挑戰，源於正常家庭的破裂，常威脅生活目標與生存，及超越個人正常能力，無法以適當的處理機轉作妥適的反應。但困境並非一無是處，西諺云：困境即是轉機。Erikson（1963）認為個人身心發展有八個關鍵期，每期會面臨發展的危機，處於危機時期如能順利化解通過，將有利於人格發展。故危機處理適當與否，攸關個體未來身心之發展甚鉅。

　　此外，危機會擾亂個人與外在環境間的均衡狀態，但是，危機經歷也並非全是害處，危機可能使個人朝正向或負向成長，也會使個人對環境事件變得敏感，這是個體人格成長的一種機會，也是情緒與心理健康惡化的關鍵（Carter & McGoldrick, 1999）。以下就單親兒童各方面的發展來探討離婚與失親對孩子的影響。

一、認知發展

有關單親兒童認知發展方面的研究大多從其智力、成就動機、學業成就來看。一般的研究，都建立在父母離婚或死亡後，兒童會產生羞恥與困窘，因而對學校的功課與社會生活失去興趣的觀察與假設上，但是實徵研究發現卻是顯得莫衷一是。有些是沒有父親的兒童閱讀能力與數學成績均低於正常家庭兒童，且學業成就等級較低，處罰問題也較多，有些沒有差異。究竟父母離婚或死亡對兒童認知發展產生正向或負向影響，或是毫無影響，尚難以論定（Carter & McGoldrick, 1999）。唯 Shinn 及 Milne（1978, 1986）分析認為，沒有父母親或父母親離婚並非造成兒童低認知成就的直接原因，而家庭經濟困難、母親出外工作、高焦慮、低度的親子互動、可用的時間多寡等中介變項才是造成單親兒童低認知成就的主要因素（鐘永吉，民86）。

二、人格發展

人格是指個人在對人、對己、對事物，乃至於對環境適應時，所顯示的獨特個性。在小學階段，人格發展的重要內涵是社會化、自我觀念及道德態度與道德行為之發展。單親家庭既

剝奪了兒童學習的楷模對象，也使個體與家庭成員或家庭環境間失去均衡的狀態。有些學者從研究中發現，在道德判斷方面，沒有父親與有父親的男童之間並沒有顯著差異，但是，教師之評定報告指出，沒有父親的男童道德發展較為低劣，沒有父親的兒童比較相信命運，而且比正常家庭兒童更傾向外控行為（Carter & McGoldrick, 1999）。

　　對離婚單親家庭的兒童來說，學前時期會使孩子感到憂慮和自疚，憂慮他們的家受到了威脅，自疚他們成為家庭糾紛的對象；他們總認為自己是父母失和的主因，孩子失去安全感，心理會產生不信任感，並有生活適應困難、學習退化的現象，且脾氣暴躁易怒和作惡夢。學齡兒童逐漸有了自己的想法，父母在此一時期離異會造成「否認」的防衛措施，有拒絕信任他人的現象發生。此外，子女也無法從父母雙方學到將來如何與異性相處，如與父親生活會對女性存有恨意，與母親生活會對男性存有恨意，不易與異性相處；當兒子是由母親來教養，兒子將來可能會有女性性格，同樣的女兒是由父親來教養時，女兒可能會變成太妹型；但這些都只是一般的假設和說法，並沒有實證研究證明（Carter & McGoldrick, 1999）。

三、情緒發展

　　情緒是指個體受到某種刺激後所產生的一種狀態；此種狀態雖為個體自己所能體驗，但不易為其所控制，因之對個體行為產生干擾或促動作用，並導致生理上與行為的變化（張春興，民 65）。國小階段兒童之情緒內容漸趨分化、細緻。隨經驗及認知成長，兒童漸漸學會壓抑不受歡迎的情緒表現。他們最常憂慮的是家庭和學校問題，他們也害怕與別人不一樣，怕受譏笑、怕失敗，對孤獨、黑暗及安全的懼怕漸增。有些學者認為家庭所遭遇的危機，給了兒童不當示範，因而影響兒童行為發展及應付問題的方式；故父母離婚不是單一事件，而是漫長的過程，會使兒童產生分離焦慮與恐懼被遺棄。另有一些研究指出，父母離婚以後，兒童的日常生活可能有所改變，以及遭受經濟及社會的壓力，包括面對新的家庭、朋友、學校，以及和一位焦慮與沮喪的父親或母親一起生活，導致兒童產生失眠、做惡夢、食慾減退、生理疼痛和一般性焦慮病狀等身心失常。但也有一些研究結論卻不一樣，雖然父母離婚的兒童有較高比率的不正當行為與沮喪反應，但是焦慮較低，神經性症狀與生活習慣問題較少（Carter & McGoldrick, 1999）。

　　綜上所述，雖然研究發現略顯分歧，但與一般人的經驗若

相符合。就一般人的生活體驗而言，人具有許多需求與動機，又受自然環境、社會環境及個人因素的諸多限制，產生種種反面情緒的機率甚高，尤其是父母死亡、分居或離婚引起的家庭成員間的失衡，導致情緒發展的失控，是可以理解的。

四、人際關係

人是社會組織中的一份子，人不只需要與別人親近，而且與接觸的人有不同程度的好惡情感。單親兒童因家庭結構上的殘缺不全，或因生活壓力所致，無法與家中成員或社會組織中的他人產生足夠的互動頻率，致其人際關係、社會網路蒙受不利的影響（Carter & McGoldrick, 1999）。綜合各相關研究結論，約可歸納為幾點主要發現：(1)單親兒童較依賴、不合群、更需求他人之協助；(2)男生所蒙受的不利影響較深且持久；(3)單親確會造成認同上的困擾，所受父母情緒支持亦少，進而影響兒童之情緒及人際技巧的發展；(4)各種社會性能力較不成熟，社會網路不穩定；(5)適應不良的現象，常以症候群的方式出現，即同時出現多種身心症狀。

五、行為困擾

大部分的研究發現，單親兒童有較多的不適應行為，諸如

焦慮、攻擊、孤獨、衝擊、沮喪、緊張、精神渙散、出軌行為
及犯罪等，而男生與女生的適應有所差別，男生較具攻擊。單
親兒童中又以父母離婚兒童的行為困擾較多，他們較常表現攻
擊行為及反社會行為，被遺棄及死亡者次之。在學者的研究中，
仍有分歧，主要係影響兒童適應的因素十分複雜，但一般而言，
單親兒童可能比長久生活在壓力下的正常兒童有較佳的適應。

六、自我概念

　　自我概念乃個人對自己的看法、態度、感情與評價之綜合。
父母離異造成子女的不良適應，在自我概念上有自我拒絕的態
度產生，對自己不滿、自眨、對自己不信任、感覺自我無價值、
全盤的接受別人的意見或裝腔作勢的誇大自吹，或導致反社會
的態度和行為，在特質上也留下很深的罪惡感和自卑感。但在
研究中，單親兒童自我概念仍是分歧，究其原因，主要在研究
者使用的方法和假設不同所造成。亦即部分研究報告顯然偏重
於家庭結構與兒童行為關係之探究；而部分研究則側重家庭過
程或家庭功能對兒童行為影響的探討（Carter & McGoldrick,
1999）。換言之，部分注重靜態結構，部分側重動態功能作用，
部分兼而有之，乃形成南轅北轍的結論。唯就前述自我概念發
展的條件及其形成過程的論述，較多的研究發展認為，所謂單

親兒童在自我概念的發展上居於較不利的地位，導致他們的自我概念比正常家庭兒童爲低的說法，應較符合實情。

七、未來婚姻概念

　　父母婚姻會影響子女長大後婚姻的選擇，往往會使對方沒有信心，雙方的家長都會擔憂自己的子女也會步入同樣的後塵，或消極的逃避婚姻，視婚姻爲畏途。單親兒童的婚姻概念，常常會以上一代的婚姻爲借鏡，但有的太過，有的不及，均會造成不良的影響，當然，在實證的研究上，與正常家庭孩子的婚姻概念並沒有顯著的差異。父母再婚對子女的影響，所謂「後母心，晚娘面」，子女對於父母再結交的朋友都會有一點敵意的態度，他們不希望別人來分享他們與父母之間的愛。雖然父母離婚會造成孩子負面的影響，但離婚有時也能促使子女有成長的機會，有時孩子會因而更加的獨立自主、發奮圖強、能安排自己的生活、培養自己的興趣、較早熟、敏於覺察、善解人意、積極追求自我的成長。對於父母的再婚，與兒童年齡層的不同而有不同程度的影響（Carter & McGoldrick, 1999）。

八、依單親對象之不同而造成的影響

(一)兒童—單親母親同住

　　一般而言，單親母親的主要家庭形態，以美國為例，佔單親家庭的 85 ％到 90 ％，台灣則在 60 ％左右。因為婦女在社會中的福利或薪資較男性為低，所以孩子所得到的資源比起一般正常的家庭來得少，例如，一九九○年的收入比較，一般正常家庭是四萬一千二百六十元，單親母親家庭是一萬三千零二十九元，單親父親家庭是二萬五千二百十一元，而有些結過婚的單親母親仍需付額外的保險和孩子的支出，因為有 70 ％沒有監護權的父親常常會拖欠或故意忘記小孩子的支出，而這重擔就落在單親母親身上。單親母親主要面臨問題為經濟、時間不夠用、角色負擔過重、前夫的干涉、社會適應、心理壓力及子女教養問題等。

　　對兒童來說，由於依附的關係，孩子從小跟母親比較親，且母親的天性，常常會以孩子為重心，故對兒童的管教和照顧比單親父親為佳，兒童的適應力也較強，且較富於創造力，但並非是絕對的。

(二)兒童—單身父親同住

　　單親父親的家庭在比率上有大幅增加的趨勢，一九八五至

一九八九年就提昇了三倍。單親父親一般有較高的自信與能力；經濟上比單親母親的家庭更佔優勢，經濟的優勢在對孩子上有更多彈性。單親父親主要面臨問題為工作的限制、社會的約束力、與子女相處時間少、時間不夠用、身體的疲憊、親子關係較疏離等。

　　對兒童來說，父親對工作的態度較積極，故對孩子的照顧較疏忽，兒童較趨向獨立自主的個性，但對安全感的需求較大，生活適應亦比單親母親的兒童較不能適應。

參、單親家庭生活的挑戰

　　成為單親家庭是個特別混亂的心理社會轉換過程，在生命週期中少有事件如婚姻狀況的改變，使個人需要在日常活動、責任和生活習慣上作多方面的更動。單親使個人的社會角色發生變化，而影響個人與環境原本的和諧、均衡關係，因此單親家庭必須調整其原有的價值觀、行為模式、接受新的角色規範與角色行為，以能與社會環境及自我達到再平衡的狀態（Carter & McGoldrick, 1999）。然而在這個過程中，單親家庭會遭遇一些難題與挑戰；在我們的社會、傳統觀念對於離異後的單親家

庭父母寄予較多的責難、社會責任和期待，對於置身其中的孩子，社會給予較大的寬容和關懷，總認為他們是不幸的一群，他們享受不到完整家庭雙親照顧下的親職和溫暖。事實上，表面結構完整家庭但成天夫妻吵鬧的家庭氣氛和「良性離婚」、「建設性離婚」後的親情、家庭生活方式，何種方式會較有利於孩子的成長與發展？這是很值得深思的問題。

　　以下就列舉單親家庭常面臨的一些挑戰供大家參考：

一、家庭結構的變化

　　首先是失去的親職角色須有人取代，隨著角色的重新分配，家人間的人際關係將有所不同，這對孩子而言並不是件容易適應的事。

二、孩子管教問題

　　單親家庭中的父母可能因個人內在情緒困擾，而對子女有一些不良的管教方式，如縱容子女、排拒子女、冷漠子女、依賴子女、對子女期望過高或是管教態度不一致等，這些不當的管教方式對兒童的成長均可能造成不良的影響，於是單親兒童常會藉由偏差行為訴說其內在的不滿與恐懼，而單親兒童的父母管教態度，可能隨著家庭成員、經濟狀況、家長性別以及家

長的人格特質等因素的影響而有所差異。

三、生活上的負擔

　　主要是經濟收入的問題，單親家庭經濟狀況較其他形式家庭貧困，尤其是單親母親家庭，因女性收入通常低於男性，幼兒照顧的普遍缺乏亦是使其經濟狀況吃緊之因。其次是家事分配問題，在這方面單親父親的家庭困擾較大，因傳統上「男主外，女主內」的責任分工，男人多是家計的提供者，也不被期待主動參與家事活動，因此一旦面臨單親父親角色，家事的處理是令人不知所措的，而且對單親父親而言，工作又常與照顧孩子之間產生兩難衝突，工作價值信念亦因親職角色而遭受挑戰。

四、情緒困擾問題

　　無助、無望、挫折、絕望、罪惡、沮喪等交雜的情緒是單親家庭中常面臨的，這種感覺通常伴有與重要他人間未完成（未處理）事件的覺察，這感覺隨時間的過去可能會增加且壓力亦增強，如此消極的情緒易殘留心中。

五、精神負擔過重

　　單親父母除了身兼數職的時間壓力外，由於不被認為能成功的扮演好單親的角色，很容易會有角色模糊或角色緊張的情形，這樣的壓力可能來自個人與社會期望間的衝突所致。

肆、單親家庭對兒童生活適應的影響

　　單親家庭的問題就像一般家庭的問題一樣，有很大的個別差異，而且單親家庭不見得比所謂的完整家庭有較多的問題，語云：「家家有本難唸的經」，的確，任何家庭都有或多或少的難題，因此當我們談單親家庭時，不可先入為主的認為單親家庭是問題家庭。

　　Felner、Stolberg 和 Cowen（1975）指出，父母離婚與死亡是小學階段兒童所面臨的兩大危機；Caplan（1964）認為危機會擾亂了個人不斷努力以維持與外在環境之間的均衡狀態，但這個危機可使個人正向或負向成長，使個人對環境事件變得敏感，這是個人人格成長的機會，也是情緒與心理健康惡化的關鍵（方慧民，民 74）。因此，單親家庭可能會導致許多問題的

產生，但若處理得當，孩子也可以從中得到許多寶貴的人生經驗。

一、單親家庭對兒童生活適應的正向影響

Weiss（1979）發現單親兒童願意分擔更多的家務責任，並從中學習到新的責任感、高自尊、獨立與自信，很多孩子經由單親的經驗而得到更多的成長（Atwood & Genovese, 1993）。同時，Weiss（1979）發現單親兒童比一般兒童有心理早熟的傾向，這種早熟現象可從孩子的角色轉變中觀察得到，特別是在作決定的過程中，一般家庭兒童在作決定時會同時徵求父母的意見，而單親兒童只得到一方的建議，這樣的情境養成單親孩子更學會獨立自主。

Hetherington（1989）認為單親兒童在處事上更能獨當一面，在親子關係上也比較親密。Blades、Gosse、Mckay 和 Rogers（1984）研究發現單親兒童行為會傾向於自我依賴，他們相信自己有能力去處理事情。Schwebel、Barocas、Reichmann 和 Schwebel（1990）認為單親兒童會發展更多的技巧與能力去面對新的挑戰，他們在處理事情上有較多的彈性，對於環境關係更努力去發展人際資源，力求成功。除此之外，很多研究也都發現在穩定的單親家庭中成長的孩子，往往較佳於衝突頻繁的

雙親家庭。

　　綜上所述，單親家庭對兒童生活適應的正向影響有以下幾點：

　　1.民主式的教養：單親家庭可能比一般家庭更為民主，例如在作決定時，每個人的需要都會被納入考慮。

　　2.彈性化的角色與規則：由於家庭結構的轉變，人力資源需作重新調整，以維持家庭的正常運作，因此每個人的角色都將有所增加，例如每個人均需分擔家務事，甚至比以前份量重。

　　3.孩子早熟並勇於負責：單親家庭中的孩子需在年紀小時就學習為自己的行為負責，他們也需要學會一些必要的生活技能，例如節儉、買特價品……等，並養成獨立自主的特性，不依賴別人。簡茂發、蔡玉瑟和張鎮城（民82）指出，單親兒童的「自恃」優於雙親兒童。

　　4.單親家庭的成員較富創造力，會善用資源並強調時間、金錢的管理：Dentsch（1983）和 Schlesinger（1981）研究指出，父母離婚兒童在創造力上的表現優於正常家庭的兒童。

　　5.發展出堅強的人際關係：孩子由於在家庭中感受到親情關係的改變與失落，他們會尋求外在支持系統，將重心擺在人際、社會互動上，以滿足心靈上情感的需求。

　　6.單親兒童通常較有耐性、同情心，並且樂於與人分享經

驗：經歷過家庭結構的遽變，並從中調適過來的單親兒童，懂得去珍惜事物、有體諒別人的心、對挫折忍受力也較高，同時他們富有同情心，只要有需要，他們大多願意提供自己的經驗與別人分享。

二、單親家庭對兒童生活適應的負面影響

「世上只有媽媽好，有媽的孩子像個寶……，沒媽的孩子像根草……。」由這首耳熟能詳的童謠中，更讓人深深體會：單親兒童受到的歧視與缺少關愛。許多研究也發現單親兒童比雙親兒童有較多的過失行為，如學業成就低落、不適當的性別角色態度與行為，並有較多的身心症狀（繆敏志，民78）。單親家庭確實影響兒童之生活適應與身心發展，以下就單親家庭對兒童生活適應的負面影響作一整理分析：

1.角色過度負荷與角色界限混淆：單親兒童由於角色的彈性調整可能增加某些壓力與工作量，且常因角色界限模糊不清而出現行為問題，其情緒與行為的問題遠超過完整家庭孩子的兩倍以上。

2 學業成就低落：尤其是因離婚而造成的單親，在離婚後一年半內孩子在學業學習上的困難會較多，且可能長期持續影響，尤其是單親男孩。

3.單親兒童較難建立清楚的角色認定及和異性之間的關係：此現象在離婚單親兒童中尤其易見，孩子亦較可能走上離婚一途，他們也許沒有充分的享受其童年，成人後，可能會怨恨且刻意或無意的表現出不成熟的行爲舉止。

4.單親兒童的情緒困擾問題：從情緒依附的觀點來看，當家庭成員愈緊張，則家庭成員間的關係愈激烈，其他成員的情緒狀態愈會受影響，因此，單親家庭兒童的日常生活可能有所改變而造成心理壓力，產生種種情緒困擾。

5.單親兒童在社會適應上較困難：Carter 和 McGoldrick（1999）指出父母離婚子女的社會性與認知能力較不成熟，同時也發現單親兒童有較強的社會孤立傾向，由於社會適應困難，有些單親兒童因爲在家中得不到自尊而參與幫派，產生嚴重的偏差行爲。

伍、輔導策略

一、單親兒童的輔導策略

父母離異或死亡對兒童來說是一件非常不舒服，甚至是頓

失依靠的可怕經驗，兒童面對家庭狀況的突然改變，其心理上的恐懼、憤怒和無助是可以理解的，因此師長們對單親兒童要付出更多的關懷與愛心，來幫助他們，使他們能化危機為轉機，讓他們也能夠跟其他兒童一樣快樂的成長。以下針對單親兒童的輔導提出一些輔導目標與策略以茲參考：

　　1. 協助孩子承認婚姻破裂的事實，不以單親家庭為恥或特殊。在兒童的認知能力內，告訴其有關離婚的事情，並強調孩子沒有錯，以澄清孩子的錯誤觀念或害怕。

　　2. 減低雙親之衝突，維持和雙親之親密關係。

　　3. 兒童的情緒紓解與心理調適輔導，特別是對失落感的應對與憤怒、自責情緒的紓解。

　　4. 加強評量並增強家庭功能之正常運作，例如協助家庭角色的再畫分，建立適當之經濟自主能力，與親職技能的再教育。

　　5. 擴展人際支持系統，以維持生活的穩定與支持體系，增強他們的社會適應能力，以祛除退縮傾向的行為。

　　6. 激發他們的憂患意識，以收「殷憂啟盛」之效。

　　7. 避免有「標籤作用」，在輔導過程中緊守輔導諮商倫理以保護當事人。

　　8. 提供角色認同的對象：儘可能安排女單親兒童在男老師的班上，反之亦然，以方便單親兒童能有成功且適切的角色認

同與印象。

二、學校教師及輔導老師針對單親兒童的輔導策略

　　學校的兒童最常接觸的地方，也是兒童學習成長的地方，而學校與兒童最親近的人，莫過於班級導師和學校輔導老師，以下將分別探討班級導師與輔導老師如何輔導兒童走出家庭危機的陰影。

(一)班級導師

　　1.隨時注意學生家庭結構改變與狀況：導師於平常即應建立完整的學生家庭背景資料，且應對資料有所保密。

　　2.了解學生情緒上的變化：如果學生的父母正處於離婚前與離婚時的爭吵階段，通常他們的情緒會起伏不定，或有反抗行為發生，若學生的家庭正遭受重大的變化，如死亡等，學生會有難過和哭泣、無精打采的樣子，導師應多加慰問和真誠的關心。

　　3.注意學生日常用語：單親兒童對一些「愛」、「死亡」、「坐牢」、「沒人要的孩子」、「美好的家庭」、「父母」、「離婚」、「後母」、「母親節」、「父親節」、「破碎家庭」等字眼是相當敏感的，導師要特別留意與學生談話的措辭。

4.制止學生的不當排擠或諷刺：國中、國小階段，一般小朋友由於涉事未深，反而喜歡以「某某人的父母死亡或某某人的父母離婚」作話題，來奚落別人，遇有此種情況，導師應隨時加以制止。

5.隨時提供建議與協助：無論在精神上或物質上，導師都需注意協助他們渡過難關，如提供獎學金等，當這些學生的支持者與疏導者。

(二)輔導老師

1.當班級導師的顧問。

2.若有嚴重的個案，則進行個別諮商。

3.利用讀書治療，這是輔助達成認知改變與成長的另一種輔導方法。

4.進行團體諮商，這是最有效的輔導方法，讓兒童了解到不幸的人，不只是他自己一個人，而能付出更多的關心給別人，也讓自己早日走出自己的陰影。

5.家庭危機的傷害，有些傷害不會立即消失，有些會持續到成人，所以輔導老師應該與學生保持聯繫，給予追蹤輔導，對他們成長以後的適應或與異性交往、婚姻提供協助。

總之，班級導師與輔導老師是協助單親家庭兒童健全成長與發展的重要人物，隨著離婚人口的增多，父母離婚之學生亦

必然增多,班級導師與輔導老師應給予最大的關切、有效的輔
導。

參考書目

方慧民（民 74）：離婚因素、親子關係及學童之適應。國立台灣大學心理學研究所碩士論文（未出版）。

黃月美（民 84）：單親兒童生活適應相關因素及團體輔導效果之研究。國立屏東師範學院初等教育研究所碩士論文（未出版）。

黃德祥（民 83）：青少年發展與輔導。台北：五南。

張春興（民 65）：現代心理學。台北：東華。

繆敏志（民 78）：單親兒童學業成就、人格適應及其相關因素之研究。國立政治大學教育研究所碩士論文（未出版）。

鍾永吉（民 86）：國小單親兒童的認知信念與情緒經驗之研究。國立高雄師範大學輔導研究所碩士論文。

簡茂發、蔡玉瑟、張鎮城（民 82）：國小單親兒童與雙親兒童生活適應之比較研究。測驗年刊，40，271～290 頁。

Atwood, J.D. & Genovesc, F.(1993). *Counseling Single Parents*. Alexandria: American Counseling Association.

Blades, J., Gosse, R., McKay, M., & Rogers, P.D.(1984). *The Di-*

vorce Book. Oakland: New Harbinger Books.

Carter, B. & McGoldrick, M.(1999). *The Family Life Cycle: Individual, Family, and Social Perspectives*. Boston: MA, Allyn & Bacon.

Dentsch, A.E. (1983). Classroom social participation of preschools in single parent families. *Journal of Social Pscyhology, 119* (1), 77-84.

Felner, F. D., Stolberg, A., & Cowen, E.L. (1975). Crisis event and school mental health referral patterns of young children. *Journal of Counseling and Clinical Psychology, 43* (3), 305-310.

Gladding, S.T. (1995). *Family Therapy: History, Theory, and Practice*. Englewood Cliffs: NJ, Prentice Hall.

Hetherington, E.M. (1989). Coping with family transitions: Winners, losers, and survivors. *Child Development, 60*, 1-14.

Schlesinger, B. (1981). Children in one-parent families: A review. *Conciliation Courts Review, 19* (2), 23-31.

Schwebel, A.I., Barocas, H., Reichmann, W., & Schwebel, M. (1990). *Personal Adjustment and Growth*. Dubuque, IA: Brown.

Weiss, R.S. (1979). *Going It Alone: The Family Life and Social Situation of the Single Parent*. NY: Basic Books.

永然法律事務所聲明啟事

　　本法律事務所受心理出版社之委任為常年法律顧問，就其所出版之系列著作物，代表聲明均係受合法權益之保障，他人若未經該出版社之同意，逕以不法行為侵害著作權者，本所當依法追究，俾維護其權益，特此聲明。

永然法律事務所

李永然律師

輔導諮商 32

單親家庭之教育與輔導

策畫主編：何福田

作　　者：王鍾和、吳秀碧、陳慶福、蕭文
　　　　　楊瑞珠、林秀娟、李玉卿

副總編輯：張毓如

總　編　輯：吳道愉

發　行　人：邱維城

出　版　者：心理出版社股份有限公司

社　　址：台北市和平東路二段 163 號 4 樓

總　　機：(02) 27069505

傳　　真：(02) 23254014

郵　　撥：19293172

E-mail ：psychoco@ms15.hinet.net

網　　址：www.psy.com.tw

駐美代表：Lisa Wu

Tel　　：973 546-5845　　Fax：973 546-7651

法律顧問：李永然

登　記　證：局版北市業字第 1372 號

印　刷　者：翔勝印刷有限公司

初版一刷：2000 年 3 月

初版二刷：2002 年 8 月

定價：新台幣 160 元

ISBN 957-702-366-5

國家圖書館出版品預行編目資料

單親家庭之教育與輔導／王鍾和等著；何福田
策畫主編. - 初版. - 臺北市：心理,
2000[民 89]
　　面；　　公分. - （輔導諮商；32）

ISBN 957-702-366-5 (平裝)

1. 單親家庭　2. 家庭輔導　3. 親職教育

544.186　　　　　　　　　　　　　89002625

讀者意見回函卡

No._____   填寫日期： 年　月　日

感謝您購買本公司出版品。為提升我們的服務品質，請惠填以下資料寄回本社【或傳眞(02)2325-4014】提供我們出書、修訂及辦活動之參考。您將不定期收到本公司最新出版及活動訊息。謝謝您！

姓名：_____　　性別：1□男 2□女
職業：1□教師 2□學生 3□上班族 4□家庭主婦 5□自由業 6□其他_____
學歷：1□博士 2□碩士 3□大學 4□專科 5□高中 6□國中 7□國中以下

服務單位：_____　部門：_____職稱：_____
服務地址：_____電話：_____傳眞：_____
住家地址：_____電話：_____傳眞：_____
電子郵件地址：_____

書名：_____

一、您認為本書的優點：（可複選）

　❶□內容 ❷□文筆 ❸□校對 ❹□編排 ❺□封面 ❻□其他_____

二、您認為本書需再加強的地方：（可複選）

　❶□內容 ❷□文筆 ❸□校對 ❹□編排 ❺□封面 ❻□其他_____

三、您購買本書的消息來源：（請單選）

　❶□本公司 ❷□逛書局⇨_____書局 ❸□老師或親友介紹

　❹□書展⇨____書展 ❺□心理心雜誌 ❻□書評 ❼□其他_____

四、您希望我們舉辦何種活動：（可複選）

　❶□作者演講 ❷□研習會 ❸□研討會 ❹□書展 ❺□其他_____

五、您購買本書的原因：（可複選）

　❶□對主題感興趣 ❷□上課教材⇨課程名稱_____

　❸□舉辦活動 ❹□其他_____　　　（請翻頁繼續）

廣 告 回 信
台灣北區郵政管理局登記證
北 台 字 第 8133 號
（免貼郵票）

心理出版社 股份有限公司
台北市 106 和平東路二段 163 號 4 樓

TEL:(02)2706-9505
FAX:(02)2325-4014
EMAIL:psychoco@ms15.hinet.net

沿線對折訂好後寄回

六、您希望我們多出版何種類型的書籍

　　❶□心理❷□輔導❸□教育❹□社工❺□測驗❻□其他

七、如果您是老師，是否有撰寫教科書的計劃：□有□無

　　書名/課程：_____

八、您教授/修習的課程：

上學期：_____

下學期：_____

進修班：_____

暑　假：_____

寒　假：_____

學分班：_____

九、您的其他意見

_____

謝謝您的指教！　　　　　　　　　　　　　　　21032